JN325463

阿里巴巴

アリババ思想

その時、馬雲は何を語ったのか

アリババ思想——目次

第一章 中国、そして世界の誇りとされる会社に

1999年の創業から5年。小さなマンションの1室で馬雲氏をはじめ18人で始めたアリババは、約5年間で1,600人の従業員を抱えるまでの企業となった。この時期、中国は急成長を続け、インターネット業界も競合各社が次々と台頭。2005年から本格的な競争時代へと突入した。

■二〇〇四年九月十日

アリババ五周年式典での講話

二〇〇四年二月十七日、アリババはベンチャーキャピタルから八千二百万ドルの投資を受けた。四月十三日、楊致遠（ジェリー・ヤン、米ヤフー共同創業者）と新浪（中国上海を拠点としたポータルサイト）CEO・汪延が協力して新しいオークションサイト「一拍網」を世に送り出した。六月にはECサイト「捜狐商城」は設立三周年を迎え、八月にはアマゾンが卓越網（中国大手B2Cサイト）を買収した。

八十年を百二年に変えよう

五周年記念式典の今日この日のことを五年間思い続けていました。

五年前はこの日を迎えることができるのか、とても心配でした。昨夜、夕飯を食べながら今日何を話すか考え始め、夜も眠ることができませんでした。でも、言いたいことは至ってシンプルです。今日のために努力を惜しまず働いてくれた千六百人の社員の皆さんに感謝申し上げます。

一九九八年の年末、万里の長城に立ってこう誓いました。中国の誇りとされる、世界の誇りとされる会社を創り上げよう！ 思い起こせば、宝宝（周悦紅。創業者の一人。技術開発担当）が杭州に戻った時、湖畔花園は家具もないほどの貧しさで、彼女が「エアコンがないから、手が氷のようだ」と電話してきたことが忘れられません。その後、初めての融資を受けて、華星へ引っ越しました。

まず心配したことは、湖畔精神を忘れアリババがアリババではなくなることでした。その心配は杞憂に終わり、華星へ引っ越してからも創業当時の精神を持ち続けました。昨日会社に戻った時に、下にタクシーが列を作っていることに気づきました。華星にいたころ、毎晩一時、二時になってもたくさんのタクシーが待っていたものです。杭州のタクシードライバーはみんな、アリババはどんなに遅くなっても誰か仕事をしていることを知っていたからです。そして今、また心配になってきました。創業大廈は華星よりもさらにゴージャスですが、アリババは変わってしまうのでしょうか。掲げた旗を先頭にどこまで進んでいくことができるのでしょうか。

今日は私の四十歳の誕生日です。四十になったら教師に戻って学校で教えたいという夢があった私は、アリババ学院の設立を四年もの間、密かに企てていました。取締役の皆さん、こんなに素晴らしいバースデープレゼントをありがとうございます。アリババ学院でまた教鞭を執ることができるようになりました。

私たちの目標である使命感と価値観が背中を押してくれています。皆さんに提案したいのですが、明日から会社を八十年続ける決意を百二年に変え、中国で最も偉大で独特で、三つの世紀にまたがる会社にしていきましょう。もし百二年続けることができたら、それはもう大成功です。アリババにとっての成功とは偉大な会社になることですから。

百二年後の姿を見ることはできません。生きていればその時、私は百三十七歳ですからね。私たちの子ども、そして孫の世代にここへ来てもらい、人生に悔いなしと感じてほしいですね。

華星の夜に昼を接いだ日々から去年の新型肺炎（ＳＡＲＳ）まで、幾多の困難を乗り越えてきました。中国のサプライヤーがいなければ、皆さんの努力がなければ、今この位置に立つことは不可能だったでしょう。誠信通（注１）やアリババ中国サイトがなければ、ビジネス界にしっかりとしたブランドを立ち上げることはできなかったでしょう。心から感謝しています。

アリババを創立したのは、自分が百万長者になるためではなく、お客様が百万長者になるのを手助けするためです。これまで顧客第一主義を貫いてきたのは、お客様を成功させて初めてアリババが成功できるからです。お客様を百万長者に、千万長者にさせて初めて私たちが豊かになれるからです。

私たちが生き残れたのは、価値観、使命感、そして企業文化があるからです。昔を振り返る前に、未来の市場で何を続けなければならないかを考えなければなりません。これから五年は非常に危険な時期です。会社にとって一番いい時期は創立五年からさらに一、二年で、それから転落するケースが多いのです。アリババも例外ではなく、これまでも幾度となく試練を受けてきました。現在、インターネット業界は蘇生し始めており、競争はどんどん熾烈に、過酷なものになるでしょう。まわりはライバルだらけになるでしょう。ライバルから学び、相手を尊重しましょう。多くの人がアリババに注目し、襲いかかってくるかもしれませんが、安心してください。相手を尊重し、優秀なライバルを選び、理知的な相手を無頼者に引きずりおろすことができれば成功です。

一番苦しい時に「自分にはできる!」と言えるようになりましょう。

（注1）アリババによる取引信用認証サービス（有料）。アリババが認証した企業（ショップ）は取引において信用があることを保障される。

五年後に電子商取引は当たり前のものへ

一九九五年に教師を辞めて、一九九九年にアリババを創立しましたが、インターネットの発展がこんなに早いとは思いもしませんでした。アリババはＩＴ業界の支柱となり、電子商取引の解決法になることができます。もし、中国、アジア、いや全世界の経済に貢献することができれば、私たちも富を得ることができるでしょう。そのための任務は中小企業の生存と発展に尽くすことです。数年前に瀋陽で工場労働者の雇用問題を解決しました。工場の受注量を増やすことで雇用の受け皿を作り出し、社会の安定を促進しました。私たちは社会のために富を作り出しているのです。

五年前に話した物語が、今日現実のものとなりました。五年後の成功のために、今また物語が必要です。五年後は、誰も電子商取引の話をしていなければいいと思います。なぜなら、そのころには電子商取引は電灯やテレビのように普通に生活の中にあるものになっているからです。アリババにもタオバオにも奇跡はありません。五年後にはアリババはお客様の販売、マーケット、財務、そして人事の中心となり、こういった業務をお客様から委託され、中国の中小企業と共に生き残り、共に成長していきます。

第一回の社員大会を招商賓館で開いた時の社員数は百人を超えるほどでしたが、「うわあ、こんなに大勢！」と思ったものでした。十周年の社員数は五千人を超えてほしくはありませんが、一万人を超えることになる可能性が濃厚です。今のアリババは五％出来上がっただけです。二〇〇九年になった時に初めて「あぁ、これがアリババなんだ」と分かるでしょう。十周年をここにいる全員と一緒に迎えることができたら素晴らしいですね。

最近、人事異動が頻繁に行われています。感動的なのはどんな変化があっても、恨み言を言う人がいないことです。今の世の中はあちこちで変化している時代、変化する文化のまっただ中にいます。アリババ人は持続的に変化し、変化を受け入れ、変化に挑戦しなければなりません！

私たちは価値観、目標、企業文化を創ってきました。変化を重視し、仕事を重んじてきました。そして永遠に目標、使命感、価値観を放棄しません。若い社員の皆さんの給料が他で働く同年代の人より高いのはなぜでしょう。中国経済の急成長を助け、アジア経済の急成長を助けたからこそ、豊かさを享受できるのです。百二年の会社をつくりましょう！

五年後またパーティーを開きましょう。すべての社員と家族、そしてお客様に感謝します。皆さんの努力があれば、アリババは必ず成功します！

BE YOUNG ALL THE TIME!（常に若くあれ）

BE PASSION ALL THE TIME!（常に情熱的であれ）

今日も過酷、明日も過酷であっても、明後日には素晴らしい日が訪れます。努力し続けましょう！

■二〇〇五年二月九日

アリババグループ新年会での講話

二〇〇五年二月、これまでタオバオ（C2Cオンラインショッピングプラットフォーム）の中にあったアリペイを独立させ、法人化した。国内金融機関数社と連携し、三千万ドルという巨額を投入して「アリペイ」というインターネット上の支払いサービスツールを創り上げた。

概念の創造ではなく、価値の創造のため

アリババ社員の皆さん、六百万のアリババ中国のサプライヤーの皆さん、四百万のアリババインターナショナルのサプライヤーの皆さん、新年おめでとうございます！（注2）

二〇〇四年が過ぎ、二〇〇五年が到来しました。アリババが二〇〇五年に何をしようと

しているのか、どのような会社にしようとしているのか、どのようなチャンスをつかもうとしているのか、についてお話ししましょう。

二〇〇五年は酉年、インターネットの世界では闘鶏の年となりそうです。インターネット関連会社の吸収合併合戦がさらにヒートアップするでしょう。今回の最大の吸収合併は新浪であり、インターネット業界の構造に大きな影響が出かねません。「新浪」が「盛大」（中国オンラインゲーム大手）に飲み込まれたということは、ポータルサイトとゲームが合体したということです。今後「捜狐」、「網易」（ともに中国4大ポータルサイト）にも大きなプレッシャーがかかってくるでしょう。この合併が成功したら、アリババにとっては少し時間を稼げることになります。今年のインターネットは年間通じて非常に複雑になり、アリババにとって非常に重要な年となりそうです。

二〇〇四年の業績はまずまずでした。海外市場でも大きな発展を遂げることができました。しかし二〇〇五年、タオバオは大きな試練に直面することになります。イーベイ（注3）が一億ドルを投じてタオバオを淘汰しようとしているのです。インターネット業界内の関係は非常に複雑ですから、次の大規模な投資は電子商取引に集中させなければなりません。人々がインターネットに触れるとき、まずは一般ユーザーとなりますが、次第にネット上でつながる友達が増え、最終的にはユーザー間にビジネスが生まれるまでになります。三年前、アリババはすべての心血を電子商取引に注ぎましたが、本当の電子商取引時代の到来は二〇〇八年から二〇〇九年を待たなければなりません。

未来の電子商取引は五年連続で世界ベストB2Bの座に輝いたアリババのものです。今現在は向かうところ敵なしですが、ライバルがいてこそ強くなれるというのも事実です。B2Bはこの五年間なかなかよくやっています。そして、新たにC2Cの領域にも進出しました。C2Cも一夜にして出来上がったものではありません。もし、たった一社が中国の電子商取引を作り出したのだとしたら、それは間違いなくアリババです。私たちは五年もの間準備をしてきました。

年末にアリペイを世に送り出し、作戦どおり機先を制することに成功しました。二〇〇五年、われわれは「戦わずして人の兵を屈」します。二〇〇八年、二〇〇九年に、中国の電子商取引の時代が正式に幕を開けるでしょう。昨年、創立五周年の式典で三世紀にまたがる会社にしよう、顧客第一、社員が満足する、株主が満足する会社にしようと話しました。われわれの使命は世の中から難しい仕事をなくすことです。

この「闘鶏年」に誰を倒そうとか倒されるなどと考えてはいません。世界中のビジネスがより透明に、公正になってほしい、ビジネス界に腐敗がないことを願うだけです。アリババが仕事をするのは価値を生み出すためであり、概念のためではありません。世界経済、アジア経済、中国経済の仕組みに影響を与え得るようになりましょう。アリババがあれば、世界は変わるのですから！

競争のために競争するのではありません。イーベイの競争を通じて、西側の文化、管理能力について学び、私たちの実力をレベルアップさせましょう。私の目的はお客様をアリババに縛り付けることではなく、お客様に適正な利益を上げていただき、商品やサービスを享受していただくことなのです。

（注2）中国は元旦ではなく旧暦の一月一日をもって正月としている。この日はまさに旧暦の一月一日である

（注3）世界最大規模の米インターネットオークション会社

待遇向上は口約束ではない

創立当初、いつかアリババで働いていることを他人からうらやましがられるような日が来るといいなと考えていました。家族がアリババへ行くことを勧めるようになり、全国の

最も優秀な人材が集まってくる日が来るといいな、と。

現在、法人的な管理方法への転換を強化しています。公正で透明な管理、優秀な社員を高く評価し、既存の社員を抜擢し、グローバル企業に匹敵する人材教育を行います。幹部社員たちを教育した時も、苦労し、時間をかけました。

アリババの社員は皆さん個性的です。努力したからこそ何千万のライバルを打ち負かせたわけで、だからこのように個性的な人になったわけです。アリババの価値観の中でたたき上げられた幹部社員の皆さんと一緒にこれから数年をかけて、最優秀のチームを作り上げます。

口約束ばかりで待遇を向上させない会社は本物ではありません。今後は、社員の自動車や家賃、マイホーム購入支援のために努力します。社員の待遇向上に力を入れ、生涯において職業面での成長の機会を作ります。全国、全世界の若者、中国人、ヨーロッパ人、アメリカ人の若者の入社を歓迎します。そして、社員の皆さんが愛国主義者、偏狭な民族主義者ではない真の愛国者であってほしいと思います。

アリババの三兄弟

二〇〇五年、アリババは何をやろうとしているのか。まず、会社の経営理念、経営管理、組織機構など大きな枠組みを構築するために奮闘していきましょう。信じ支え合う仕組みを作り、公正で透明な制度を作ります。中国人が誇る会社となるために、上場するならウォール街で一番の株を目指します。

今年タオバオは大きな挑戦と生存の危機に直面することになります。行き残るためには成長しなければなりません。年初にイーベイの曾ＣＥＯが笑って言うには、中国で行われる競争は、頭を使わなくてもいいのだそうです。一億ドルを中国市場へ投入したイーベイですが、中国のＣ２Ｃをたたきのめすことができるのでしょうか。私は難しいと思います。アリババには二千四百人の社員がいるからです。二〇〇四年はイーベイにたくさんのパンチをお見舞いしましたが、今年はノックアウトします。

アリババの三番目の子どもであるアリペイが生まれました。今年の布陣は、先鋒にアリペイ、中堅にタオバオ、アリババは大将としてしっかり支えます。二〇〇五年最大の戦役はアリペイにあります。すべてのアリババ社員の皆さん、これからの一年、中国にいる人も国外にいる人も、タオバオに気を配り、アリペイを全力で支えてください。

二〇〇五年の目標は、第一に十億人民元、第二に二十万の有料会員の獲得、第三にページビューを昨年の三倍にすること。私たちの目標は結果を出すためであり、プレッシャーをかけるためではありません。アリババは中国の発展に影響力を持つだけでなく、全世界の発展に影響力を持ちます。二〇〇五年、アリババはドル箱の大将、タオバオは堅強な中堅、アリペイは元気な先鋒です！一緒に頑張りましょう！皆さん、ありがとう！

第二章

文化衝突はどんな結果をもたらすか

2005年、アリババは米国ヤフーと業務提携を結び、ヤフーチャイナを買収。アリババにも新たな人種が一気に流れ込んだ。中国全体でも対外進出が活発化し、ブランド力や技術力を持つ海外企業の買収が相次いだ。ネット業界内も、吸収合併が加速した。

■二〇〇五年九月二十三日

アリババ社員大会での講話

二〇〇五年八月十一日、米国ヤフーは十億ドルでヤフーチャイナのすべての資産を手放す代わりにアリババの四〇%の株式を手に入れた。そして、アリババは米国ヤフーと業務提携を行い、ヤフーチャイナを買収した。

アリババ領地への参入

アリババの皆さん、ヤフーの皆さん、タオバオとアリペイの皆さん。先ほど見てもらったビデオに私の言いたいことは全部入っていたので、どこから話を始めたらいいのか分からなくなってしまいました。

この六年、「中国人による中国で一番偉大な会社を作る」という夢を忘れたことはありません。アリババの発展がこんなに早いとは想定外でしたが、ヤフーの技術と六百人の社員が加わった今、これからはさらに加速して発展していくことを信じてやみません。一年以内に中国のインターネットには大きな変化が訪れると思われますが、その時はアリババ軍団が世の中を率いて進むことになるでしょう。

実際問題、この二年間の中国におけるインターネットの発展には目を見張るものがあります。六年前に電子商取引に目をつけていた人はあまりいませんでしたが、私たちはあきらめませんでした。

特にこの二カ月の間にインターネット業界には大きな変化がありました。例えば、イーベイがスカイプを買収しましたね。一昨年タオバオを始めたばかりのころはイーベイと競争するのは難しいのではないかと考えていましたが、二年の間にここまで成長するとは思いませんでした。まずは社員全員が頑張ったこと、そして中国のインターネット市場が成熟したこと、三番目には世界の潮流が変わり、世界中から中国に関心が注がれるようになったことが理由として挙げられます。

電子商取引は急速な発展を遂げたことから世界の注目を集めていて、遠くない将来に中国国内の企業が電子商取引で凌ぎを削ることになるのは必須です。イーベイがスカイプを買収し、グーグルはネット通信のＴＡＬＫを導入し、ＱＱ（注４）は拍拍網（Ｂ２Ｃのショッピングサイト）を始めました。バイドゥ（注５）とグーグルは検索エンジンに大きな投資をしています。これから三年から五年の間に、私たちの領域である電子商取引の世界に大勢が参入してくることが予測されます。

電子商取引の世界においてアリババは一歩先を行っていると言えるでしょう。六年間、力を合わせて価値観、使命感を持ち続け、顧客第一主義を貫きました。これまでは強大な砦を作る必要はありませんでしたが、これからは本当の競争です。

もちろん、アリババ、タオバオ、アリペイ社員の誰もがお客様のために頑張ったわけですが、これからの時代の競争は技術の競争になっていくというのに、技術面から言うとわれわれの実力はとても世界一流レベルとは言えません。

（注4）テンセントQQ。中国で最も普及しているインスタントメッセンジャー

（注5）百度。中国のバイドゥ社が運営する検索エンジン。グーグルに次いで世界第二位のシェアを誇る

昼はビジネスをして、夜はよく眠ろう

私たちは電子商取引に進出すると決定し、アリババでの電子商取引に参加するすべての人に利益を上げていただき、夜はゆっくり眠れるようにしたいのです。なぜオンラインゲ

ームをやらなかったかと言えば、ドキドキして夜眠れなくなってしまうのではないかと思ったからです。全国のお父さんお母さんに「いつかアリババを潰してやる」と言われたくないですからね。

また、アダルトサイトで儲けるのも嫌です。これも夢見が悪そう。中小企業にきちんと利益を上げていただく、中小企業の雇用を増やす、これこそアリババがやりたいことです。わが国は十三億の人口を保有していますが、二十年後に何かの原因で多くの人が失業してしまったときに電子商取引が雇用の受け皿になり、社会を安定させ、家庭を安定させ、ビジネスも成長させることができればと考えています。

果たすべき社会責任を仕事を通じて貫き、社会の発展を推し進めたいのです。

アリババ設立初日に見た夢、小さな商売、単なる普通の成功ではなく、広大なインターネット社会を構築し、企業を、社会を完全なものにしていきたい。社員がアリババの使命感、価値観を理解し、共通の目標を掲げ、二十二世紀まで続く会社になるという夢が、今日を境に徐々に具現化の方向へ走り出します。二〇〇九年までにアリババは中国企業初の世界トップ企業五百社の仲間入りをすると、自信を持って言うことができます。

以前は夢だったことが、今は現実味を帯びてきました。二〇〇九年はアリババ十周年です。その時にはわが家の四兄弟、アリババ、ヤフー、アリペイ、タオバオが力を合わせれば、電子商取引の領域で天下を取ることも十分可能です。

ビジネスの戦いにおいて最も大切なのは「上兵伐謀（注6）」、そして「不戦而屈人之兵（注7）」。数年の内に、電子商取引は国家に対して影響力を持つようになり、十年後には大部分のビジネスはネット上で行われることになります。その八〇％がアリババやタオバオ、アリペイを通じて行われるようになることを願ってやみません。二〇〇九年にはこれを成し遂げたいと思います。ここにいる皆さんと夢を共有し、私たちが行動を起こすことで中国を変えていきましょう。

ここにいる誰よりも私は国外へ出る機会が多いわけですが、多くの国、都市を訪問するうちに、中国の環境を美しくし、人と人との信頼関係を深めながら経済発展を遂げることができると確信しました。

（注6）アリババを人民解放軍の前身である八路軍に例えている

（注7）孫子謀攻より。『戦わずして人の兵を屈す』戦わずに敵兵を屈服させること

中国にはどうして青空がないのか

一九八五年に初めてオーストラリアを訪問した時のことです。当時は中国が世界で一番豊かな国であり、他国の労働者は虐げられていると思い込んでいましたが、実際に訪れてみるとオーストラリア人の方がよほど豊かな生活を送っていました。その時頭の中に強烈な疑問が生じました。なぜ中国は豊かではないのか。なぜ中国には青空がないのか（注8）。疑心暗鬼になって相手を信用せず、何をするにも争いが絶えないのはなぜだろう。

恨みつらみは何も生みません。一人一人の努力で中国を変え、少しずつ学び、成長して互いに影響を与え合わなければなりません。

二十年が過ぎ、再びオーストラリアの同じ都市を訪問する機会がありました。非常に感慨深かったのは、その街が二十年前と何も変わっていなかったことです。杭州だけでなく、上海も北京も、中国人自身も驚くほどの発展を遂げたことを心から誇りに思いました。六年前に私の自宅で始めたアリババですが、六年経って浙江省人民大会堂で会議を開くまでになりました。さらに六年後、アリババ全社員の努力によって今よりももっと誇りに感じられるようになりたいものです。

皆さんと一緒に働けることを光栄に思います。中国人が作る最も偉大な会社という理想が一歩一歩近づいています。一歩一歩仕事をしていきましょう。私と一緒に仕事をしてくれることに感謝します。

（注８）不公平で不明瞭な社会であることを暗喩している

電子商取引で中国は世界最大の市場に

これから先二、三年の競争は非常に過酷なものになる予感がしています。自覚する、しないに関わらず、私たちは全世界の強敵を驚かせてしまったのです。電子商取引の領域内では、目下のところイーベイが世界最強のライバルです。さらに世界で最も成長速度の速い会社であるグーグルとも出合ってしまいました。もちろん国内のインターネット関連の大企業である新浪、捜狐、網易、ＱＱも全部ライバル企業です。

これまでのビジネスモデルにも注目しましたが、アリババが選んだのはインターネットでした。そして今、私たちのすべての動きがライバル社の関心を集めています。ＩＴ企業のＩＢＭやマイクロソフトも数年のうちにアリババのライバルとなるでしょう。すべてのライバル社の実力からすれば、私たちの片腕、片足をもぎ取るなど簡単なことで、形勢は非常に厳しいといえます。しかし、アリババの四兄弟が手を携え、信頼し合い、心を一つにして電子商取引の覇者となる目標へ向かって行けば、この戦いに勝つ可能性は世界中のどの会社よりも高いのです。

B2Bの領域において、私たちは既に世界一の顧客数とブランド数を達成しています。タオバオと一拍網が一緒になれば、イーベイや易趣（eコマースサイト）など敵ではありません。

アリババグループがイーベイを超えるだけでなく、タオバオ自身がアメリカのイーベイを超えなければなりません。

中国は必ず全世界の電子商取引にとって最大の市場となります。五年以内に中国のインターネット関連会社の売り上げと利益は他国を抜き去り、アメリカと甲乙つけがたいところまで増加するでしょう。現在のインターネットのヘビーユーザーは二十三、二十四歳ですから、五年後には経済的に余裕が出てきているはずです。

来年の経営戦略の革新は、われら四兄弟が協力し合って成長していくことです。

グーグルとの競争は社員一人一人にとって大きな挑戦です。私たちのビジネスは模倣でもなければコピーでもありません。学び、考え、成長し、戦略戦術を競い合いましょう。

毎度毎度戦争を起こしたくはありません。私たちは中国最大のC2Cとなり、アリペイのインターネット取引額は中国最高となりました。これは中国の奇跡であり、アリババの奇跡であり、アリペイの奇跡なのです。社員の皆さんの努力に感謝します！

一位、もしくは二位であっても三位はなし

ＭＳＮが怖いと思っている人が多いようですね。現在、ＭＳＮは五十万から八十万人が利用していますが、アリババグループの利用者も、全部を合わせれば五十万に手が届く所まできています。この業界では一位、別の業界では二位でもいいでしょう。業界によっては利益が上がらず生き残りが難しいところもあります。二番手につけるというのは、コストを抑えて収益を上げやすく、さらには多くの人に影響を与えることができるポジションです。ですから二位でもいいでしょう。

一位、もしくは二位。しかし、三位ではダメです。業界三位の場合は、二年間努力しても二位になれない場合、その部門は撤退を決めます。

アリババの電子商取引は一位と二位の集合体です。そうでなければアリババ軍団をいく

ら強固なものにしたとしても、市場を独占することはできません。イーベイは台湾へ追いやってしまいましょう。

会社が急速に成長していることを鑑みるに、皆さんに一言言っておきたいのはこれから二年ほどの間に文化統合の摩擦による災難に見舞われるかもしれません。アリババ自身が若い会社で、そこにヤフーが加わり、ほとんどの社員が二十代後半になります。この年代は気持ちが高ぶるのも早いけれど収まるのも早い時期で、感情的になりやすい傾向があります。その一方でタオバオ、アリペイを含めたアリババの古参社員には管理職然とした今までのやり方に固執するところも散見されます。

中国人が作る世界で最も偉大な会社になるという理想を実現するために、すべての社員が企業文化の違い、世代的な文化の違いを融合する「産みの苦しみ」に正面から向き合わねばなりません。

このところストレスを感じているためか、よく夢を見ます。山をよじ登っているのですが石をしっかりとつかむことができません。このストレスは若い人たちのことを心配していることから生じています。やる気があり、熱意があり、自分の考えを持った聡明な皆さんですが、一つの目標、使命の下に団結することはできますか。顧客第一主義を貫き、誠実であり続け、団結をするという価値観を維持できますか。もしできるのであれば、アリババは世界で一番素晴らしい会社になることができるでしょう。

私が退職する時も今と同じように二十二世紀へ向けて成長する姿勢を維持できていれば、この人生に悔いはありません。

ＩＴの黄埔軍校たれ

ここにいる皆さんの中から、ＩＴ産業を引っ張っていく人材が誕生してくれたらうれしいですね。アリババは中国ＩＴ産業の黄埔軍校（注９）になりましょう。すべての社員に努力を求めます。

企業文化を融合する段階においてさまざまな問題が起こりうることを理解してください。皆さんが想像しているよりもはるかに難易度が高いと思われます。ヤフーと３７２１（注10）は融合できていたとは言えませんね。ヤフー、３７２１、一拍網、アリババ、タオバオ、アリペイが完全に一つになる必要があります。その過程において、どのような商品を作るのか、どうやって作るのか、自分の文化とは何か、使命感はどうか、価値観はどうかをよく考えてください。

痛みを伴い、時には気落ちしたり、イライラしたりすることがあるかもしれません。ここにいる皆さんにお願いがあります。これから二年間は、どんなことが起きようとも世界で一番偉大な会社になるという目標を掲げ続け、仕事に励んでください。アリババの制度にはまだ問題がたくさんあります。幹部社員の多くはまだ若く、管理職の経験が浅いため、部下を成長させる方法だけでなく自分を成長させるにあたっても課題があるのです。

ある社員は四年前にセールスを担当していた時にこう言いました。「クビにされるのでなければ、自分で会社を離れることはありません。ここで頑張ります」私たちは走りながらやっていくしかないのです。高い給料や昇進を保証するつもりはありません。この会社で苦しんだり、悔しい思いをしたり、ムカついたり、うめいたりするはめになることは保証しましょう。こうした経験を通じて初めて、偉大で堅強で勇敢な会社になるためには何が必要なのかを知ることができるのです。

二年間、共に頑張りましょう。二年後にはまったく違う世界が見えるはずです。一般的には三年働いた人はアリババ人となり、この会社を愛し、参加し、成長し始めるのです。もし中国に偉大な会社が誕生するとしたら、アリババは三番目には入るでしょう。そのために皆さん、出せる力はすべて出して一緒に頑張りましょう。

もう一つ皆さんに言っておきたいことがあります。一年以内に大きな買収合併を行うため、アリババは全世界の注目を集めることになるでしょう。全世界のマスコミから注目されて、一挙手一投足を見られることになります。

（注9）一九二四年設立の中国国民党陸軍の幹部養成学校。広東省広州市黄埔区にあったが、一九四九年中華人民共和国建国後、台湾高尾市へ移転

（注10）ドメインビジネス大手。二〇〇三年にヤフーが買収

偉大な会社を作り上げるのは社員一人一人

偉大な会社を作り上げるのは一人のリーダーではなく、社員一人一人です。

昨日あったつらい出来事についてお話しましょう。昨日杭州市長がお話をされた時に、大部分の人はきちんと聞いていましたが、一部の社員はおしゃべりをしていました。とても残念です。アリババはこれまで毎年社員大会を開催してきましたが、居眠りしたり無駄話をしたりする人はおらず、全員が前を向いて座っていました。昨日はヤフーの社員もいましたから、経験がなかったのかもしれません。昨日は市長もとまどっていましたし、秘

書長は私の顔を見ました。他人を尊重できない人間が、自らを誇ることができると思いますか。これでは杭州におけるアリババのブランド価値や影響力を低くしてしまいます。アリババの社員たるもの、今後はまず自分に厳しくするようにしてください。他人を尊重する価値観は、自社ビルの中だけのものではありません。

偉大な会社を作り上げることを今後三年の目標に掲げ、数日後に戦略会議を開きます。皆さん一人一人が戦略をよく理解し、賛成し支援してください。社員は会社を信じ、会社は社員を信じ、共に努力をして初めて前へ進むことができます。

次回の社員大会はもっとにぎやかになるでしょう。五年以内に社員は十万人に達する予定です。ここでは狭すぎますから杭州スタジアムを貸し切りにする必要がありそうです。その時にここにいる皆さんが一人も欠けることなく参加しているといいのですが。今のところアリババの離職率は一〇%。殺人を犯したというなら話は別ですが、一度辞めた人が戻ってきてまた一緒に働くことをアリババは歓迎します。会社を辞めて独立後再入社して、出色の仕事ぶりを発揮している人が何人もいます。

毎回社員大会をやる度に成長を感じます。世の中から難しい仕事をなくしましょう。世界には十億のネット人口があり、数えきれないほどの企業が私たちのサービスを待っています。世界中にお客様がいるのです。

そろそろ時間ですね。もう一つだけ。社員の皆さんが杭州という美しい都市へ集まって交流することをあらためて歓迎します。杭州は素敵なところですから、きっと好きになると思います。杭州のアリババで仕事をした時間は一生忘れられない思い出になるでしょう。本当に特別な会社ですから。

ヤフーの皆さんは、私たちが熱意満々であることに驚いたかもしれません。アリババは基本的にいつもこうですが、今日はまた特別に楽しいですね。

皆さんありがとう！そして、杭州へようこそ！

第三章 勝てないときは回り道をして戦えばよい

2006年、中国はWTO加盟から5周年を迎えた。この5年間で中国のGDPは世界6位から世界3位に躍り出た。一方、アリババのC2Cショッピングサイト「タオバオ」は有償サービス「招財進宝」を推し進めたが、失敗に終わり、我慢の一年となった。

■二〇〇六年六月十六日

幹部社員との話し合い

二〇〇六年五月十日、タオバオは「招財進宝（縁起の良い決まり言葉。財産が貯まること）」を始めた。これは、有償の販売促進を希望するサプライヤーのためのサービスだったが、多くのサプライヤーの反対を受けて最後にはこの項目を取り消すこととなった。年末にイーベイは中国市場から撤退した。

新しい情報共有システムを構築する

予定を変更してここに残ったのは皆さんと話し合うためです。今後は基本的に二カ月に一度、少なくとも四半期に一度はこういう場を持ちましょう。持ち物は、問題、アイデア、ノートです。そして内容を必ず部下全員へ伝えてください。会社が大きくなるにつれて問題も多くなっています。もし皆さんがノートも取らず伝達もしないのであれば、いくら話し合ってもやらないのと同じです。

人材管理部門と各部門が協力して行っている抜き取り調査が情報共有の徹底に有効なの

で、今後も力を入れていきます。ここにいる人たちだけが好感触を持っていて、他の社員は何も知らないのでは話になりません。しっかりノートをとって、自分の部下へすべてを伝えてください。

まず私から現況、情勢について皆さんに報告してから、一部の問題について皆さんと話し合い、最後に問題提起をしてもらおうと思います。アリババに情報共有システムを構築したいと考えています。以前のように四半期に一度全社員を一堂に集めて情報を共有するのは、時間の問題、お金の問題だけでなく多くの問題があるため、現在はこの方法は採りにくくなりました。

そこで、まずは問題のあるなしに関わらず、二、三カ月に一度この話し合いの場を持つようにしましょう。繊細な問題があるのかと聞いた人がいましたが、それはありません。幹部会議では言いたいことを言いましょう。裏であれこれ言ったり臆測したりするよりは、面と向かって話したほうがずっといいです。今後の幹部会議はこの方式で、徐々に新しい話し合いの形を作っていきましょう。社員が多くなるにつれ、問題も複雑化してきています。

全体の状況についての報告をありがとうございます。現在の会社の状況はまずまずコントロール下に置かれているようですが、小さな問題はかなりあるようですね。ここにいる皆さんもそう感じていることと思います。会社が大きくなったのですから、問題がないほうがおかしいくらいです。その問題については後ほど話し合いましょう。

三月の売上高は新記録を達成しましたが、四、五、六月は一般的にいっても調整期間となるでしょう。上半期の業績は目下のところほぼ想定内になりそうで、今年の目標は比較的楽に達成できそうです。

ご存じのとおりアリババは今オフィスのレイアウト変更をしています。三階全体を一度空にしたところ、どうも気の流れに問題が生じているように感じます。オフィスの気の流れはとても大切です。気のバランスが崩れてしまったようなので、一部を三階へ戻すことを提案します。この商品は人気がある、あの部門とこの部門は仲が悪い、あそこの席に座ると気分が悪くなる、といった気の流れに起因することはゆっくり調整していけばいいのです。すべてが整えば、アリババはパワースポットになるでしょう。

一部の問題はぼちぼちと解決してあります。例えば採用の件ですが、三百七十通の履歴書を受け取り、十二人を採用しました。アリババの審査基準はマイクロソフトより厳しいですからね。

商品は良いが、対応に問題あり

タオバオの「招財進宝」の件ですが、これ自体は新しいテーマで非常に素晴らしいと思います。タオバオの諸君もとても頑張ってくれています。ここで言っておきたいのは、会社として「招財進宝」を金儲けの道具とは考えていないということです。

いくつか原因があります。今後、五年以内に最大で一億アイテムの商品がタオバオで販売されることを予測していますが、そうなると管理はますます複雑になります。アリババ、タオバオに共通する課題は、ビジネスモデルの構築です。

私の理想とするビジネスモデルは、有料でもよければお金を払い、お金を払うのが嫌ならば無料でも使えるというものです。かなりハイレベルなビジネスモデルと言えるでしょう。企業間の競争は、最後にはビジネスモデルの競争になります。アリババのように素晴らしい理念を採用している企業は、世界中を見渡しても何社もありません。まずは、試してみましょう。市場の管理、そして将来の規模を考えてやってみて、もし「招財進宝」が将来的に売り上げに貢献してくれれば、それに越したことはないと考えていました。

しかし、ふたを開けてみたら自分でもため息が出るような結果でした。全員があれほど大きな代償を払い、努力し、半年をかけて研究、革新、創造してきたものの、唯一足りなかったのは情報共有だったのです。学費を払ったと考えて、アリババのすべての幹部社員はこの経験から学んでください。今回の「招財進宝」の経験が五年後、十年後に生きてくるようにしましょう。

良い商品を作り上げたにも関わらず、情報共有できないことで問題が発生したのです。特に五月十日に行った「招財進宝」の大切なオープニングイベントでは、参加無料のイベントがあるとみんなが期待していたのに、全部が有料でした。ライバル企業が関わっていたことは分かっていますが、誰かのせいにはせず、自分たちが広報や宣伝でやるべきことは何だったのかを考えてください。

今後、新商品を売り出すときには、「暁之以理、動之以情、誘之以利、縄之以法（理論で人に理解してもらい、心で人を動かす。利益で人を誘い、法で人を縛る）」この四つのうちどれか一つが欠けてもいけません。やり始めた途端に法で縛られてしまったら大問題です。この事件がなかったら数年後にアリババがこの間違いを犯していたかもしれません。タオバオの社員には感謝しなければいけません。

間違いではあったものの、興味深い事実でもあります。タオバオをかばうつもりはありませんが、今回の出来事の細かなディテールはまだよく分かっていません。頭の中で考えていても想像もつかないこともあり、やってみなければ分からなかったのかもしれません。確かに事前の準備段階でよく練られていなかった部分もありますし、その一方で、まさかこうなるとは思わなかったというのも、実際のところそうでしょう。

タオバオが下した非常に重要な決定は、「招財進宝」を中止したことです。会社を代表して、今回タオバオの勇気ある撤退に、尊重の意を表します。聡明な判断だったと思いますし、この決定により九八％の会員がタオバオを再評価したことでしょう。

ＢＭＷやベンツがリコールを行っているくらいなのですから、私たちが「リコール」したからといってどうだと言うんです。タオバオの決定は顧客の支持を勝ち取り、会社の支持を勝ち取りました。非を認めずがんばり通すこともできましたが、進むことで支払う代価が大きすぎるときは、一歩退いてみると道が開けることもあります。一歩退くことは困惑することでもありますが、戦略上きれいに退くことができれば、次にきれいな一歩を踏み出すこともできるでしょう。

外でも話したのですが、タオバオとイーベイの戦いは終結しました。皆さんと話したいのは、この「ゲームオーバー」が敵を殲滅したという意味だとは限らないことについてです。一九四九年に毛沢東が蒋介石を台湾へ追いやった時に、兵力を集結させて台湾を攻め落とす道を選ばず、社会主義の新中国を建設しました。私たちもこれに倣いましょう。もう一度相手に近づくのも難しいですから、まずは放っておいて、ゆっくり解決しましょう。

競争相手がいたほうが、緊張感が保たれますからね。市場の一五%くらいなら相手にくれてやってもいいでしょう。ただし、成長させないように。

ＡＭＤとインテルがいい例です。インテルはＡＭＤに市場の三〇%を与え、その境界線を維持しています。それは他のライバル会社との競争においてＡＭＤが役に立つからです。こういう市場が健全な市場だと言えます。よって、私の言う「ゲームオーバー」とは、深追いをせず、自分のサービスに集中し、商品を調整しなければならないということです。この方面に関して言えば、タオバオは比較的良好な状態に入ったと言えるでしょう。

絶対にお客様を欺かない

同時に私たちはＢ２Ｃを打ち出します。タオバオＢ２Ｃはアリババの戦略に合致するものです。一つ覚えておいてほしいのは、会社を大きく強くするチャンスがあるということは、私たちの影響力は増していくということです。五年から十年の間、破産せず、倒産もせずに経営し続けることができれば、影響力は増していくでしょう。

私たちの努力を通じて中国経済の不合理な部分、不平等な現象が改善されていくこと、これがアリババの影響力です。先日、国美（注11）、永楽、蘇寧などの家電量販店が業界内の会議を開きました。その席上で出た案件の一つがどうも腑に落ちませんでした。定価の一五%は販売店に落ちることになっているのに、もっと利益が欲しい、取り分を上げろと言うのです。以前はメーカー側が強くて、先に保証金を払わなければ商品を提供してくれなかったものですが、今は小売店にお金を払って売っていただくかのようです。

さらに、売り場で値下げをした場合、それを被るのはメーカーだそうです。一五%のマージンに加えて、値下げ分まで補償しなければいけないとなると、メーカーの利益は二、三%になってしまい、もう持ちこたえられません。非常にアンバランスな状態です。もしメーカーの利益がたったの二、三%だとしたら、商品の研究開発もおぼつかなくなり、新しい物事に取り組む余裕などとてもないでしょう。

タオバオとアリババは、法律の制定を待つのではなく自分のビジネスを通じてこの状態を改善していきます。私たちには巨大な市場があります。家電業界、メーカーのためのサービスを構築しましょう。私たちの取り分は五%、いや三%でもいいから、メーカーに一〇%をお返しできるようにして、さらに多くの商品を生産してもらおうではありませんか。

競争力のあるタオバオで買えば、今までよりも早く商品を普及できます。新商品が発売されるときに、実店舗の場合は早くても準備に二カ月はかかるでしょうが、インターネットであれば、同時に全店舗で売り出せ、すぐにも人気が高まるでしょう。これがインターネットの強みです。

タオバオがB２Cを始めるのは、このマーケットが有望だと思ったからだけではなく、私たちの努力によって中国にたくさんあるアンバランスな部分を変え、整えていくためでもあります。ですからタオバオがB２Cへの進出を提案してきた時に、私自身も非常に感慨深いものがありました。

この路線は市場に大きな影響を与えるでしょう。今はまだ多くの人がインターネットで物を買うことができないと言っていますが、五年前、七年前に誰がインターネットで商売をすることなど想像したでしょうか。今インターネット上で買い物をしているのは二十五歳前後の人ですが、五年後には三十歳になり、インターネットでテレビや冷蔵庫といった中国ブランドの商品を気軽に買うようになるでしょう。

三年以内に、タオバオの取引高はどんな大型店舗、ショッピングセンターにも負けないようになります。五年後には永楽、蘇寧、国美を合わせてもタオバオにはかなわないと言わせたいですね。これが気骨と言うものです。だからといって、彼らを殲滅したいわけではありません。実店舗はインターネット販売の足りない部分を補充してくれる存在でもあるからです。

そして私たちは絶対にお客様を欺きません。すべての産業のサポートを続けます。一昨年は八億、去年は八十億、今年の予測では百五十億から二百億です。

（注11）国美電器網上商場。有名な家電のショッピングサイト

愛情を込めれば、きっと続けていける

アリペイの成長は非常に早く、タオバオとの協力関係もうまくいっています。目下のところ中国における最大のオンライン決済サービスです。

先日、日本へ行く前に中国郵政と備忘録を交わしました。これはタオバオとアリペイの将来が有望だからできることです。中国郵政は、将来タオバオ専用のサービスを非常に安価で提供してくれるそうです。タオバオで商品を販売する人が小包を送るときに、タオバオのロゴをパッケージに貼るだけで特別料金が適用されるというものです。

例えば私たちが自分の車にタオバオのロゴステッカーを張ってください。これも影響力を拡大する術の一つです。影響力の拡大に伴い、他社との協力関係も多くなっていきます。

中国郵政と協力して、中国の流通業界のワンランク上へ上がりたいと思います。多くのことは、人の力によって成し遂げられたものです。タオバオが、アリババが、アリペイが、ここまでになったのは、私たちの不断の努力の結晶なのです。

先週の土曜日、スターバックスのCEOがアリババへ見学にいらっしゃいました。スターバックスは尊敬に値する素晴らしい企業です。コーヒーを独特なスタイルで販売することで、三百五十億ドルの売り上げを上げ、強固な価値観と使命感を持つ素晴らしい会社です。新天地（注12）店の店長と話をしている間にも、三ドルもするスターバックスのコーヒーが次々と売れていきます。道を挟んで向かい側の喫茶店ではコーヒー一杯たったの三元なのに、何倍もするスターバックスに来るのはどうしてでしょう。店長から聞いた話を皆さんと共有したいと思います。

一つ目の話は、先週彼が娘を連れて映画を見に行った時の話です。娘がお菓子をねだるのでチョコレートを買いました。こんなに大きな箱で、かわいい絵が描いてあるパッケージですが、開けてみると中身はちょっぴりだったそうです。彼いわく、現在のビジネス社会に欠けているのは誠実で、増えたのが誇張、上げ底。時代を問わずビジネスに必要なのは誠実さです。

二つ目は、彼がロンドンへ行った時のとても面白い話です。地価の高いことで有名なロンドン一番の繁華街、オックスフォード・ストリートを歩いていたところ、チーズの看板を掲げた小さな店を見つけました。チーズは単価の安い、中国で言えば豚の脂身のようなものです。繁華街にある店は、単価の高いものを販売しなければやっていけない店がほとんどです。チーズ屋ではひげを生やした老人が真面目に熱心に仕事をしていました。店に入った彼は、この店の家賃はいくらか、こんなに地価の高いところでどうやって商売を続けることができるのかと尋ねました。すると老人はこう答えたそうです。「お若いの、この店と建物はすべて私の持ち物だ。私の爺さんの爺さんの代からずっとチーズの商売をしている。今はせがれがロンドンの郊外で作ったチーズをここで売っているんだよ。私の趣味はイギリス、いやヨーロッパの国々の中で一番のチーズを作ることだ。店を誰かに貸すという手もあるのは知っているけれど、まだまだチーズを作らなければならないからね」。スターバックスの店長は今までチーズなど買ったこともなかったのに、この話を聞いて五十ドル分のチーズを買ってしまい、大きな包みを抱えて帰ることになったそうです。商売をするなら、どんな商品を扱うにしても、愛情を込めれば続けていくことができるのです。

私たちは大きなプロジェクト、すごい商品を扱いたいと考えていますが、あの老人がやっているのは小さな商売です。数年前に訪日した際に訪れた十五平米ほどの小さな和菓子店には「創業百四十八年」と書かれていました。そこで作られる和菓子は皇室へ献上されているそうです。

もう一つ私たちが学ばなければならないものに、「情熱」があります。三十年続けてきた仕事を、さらに意欲満々で取り組み続けることができる。これが情熱です。三日でなくなる気持ちは情熱とは呼びません。

スターバックスと協力して事業を立ち上げる予定です。ビジネスではなく、社会責任に関する事業です。アリババはスターバックスのように財源が豊富と言う訳ではありませんが、プラットホームを立ち上げ、社会の公平性や責任感について一緒に考えていきたいと思います。多くの中国人はチャリティー活動に参加するのをためらっています。裕福な人たちも同じです。三千万、四千万と寄付している人がいるという話を聞くと、百万円ではメンツが立たないと考えてしまうからでしょう。

チャリティー活動をこのように考えてはどうでしょう。少しのお金を募り、一元を超えないようにすれば、誰でも参加できます。一元チャリティーを提唱したいと思います。私たちの仕事も同じで、少しずつの積み重ねだったら誰でもできます。一人一人の努力により、平凡な人が非凡な仕事をするのがアリババの身上です。
（注12）上海のショップ、レストランなどが集まった観光名所。古い建物を修復し旧フランス租

界の街並みを再現した観光名所でもある

高福利の会社になりたくはない

話題を変えましょう。実は、昨日日本から帰ったばかりです。孫正義氏と七、八カ月前から約束をしていたブレインストーミングを二時間やってきました。孫さんは九月のアリババの役員会と第三回アリフェスタ（アリババ主催のネット起業家大会）に参加してくれます。杭州市政府は白堤（注13）全体をアリフェスタのために貸し出してくれました。これは杭州市史上初の試みで、市共産党委員会書記、市長等が同意して実現したものです。これは杭州の大通りに横断幕を掲げるのがどれほど難しいか、皆さんもご存じでしょう。これはアリババの誇りです。

国内に留まらず、多くの方がアリフェスタに参加されます。イーベイも招待しました。これは、中国のネット起業家の大会であり、アリババの大会ではありません。気概を持って取り組み、大会を成功させましょう。「西湖論剣」に集まるのは有名人ですが、アリフェスタは誰でも参加できる開かれた大会で、とてもにぎやかです。準備委員会は昼夜関係なく準備に追われています。皆さんもどうぞ参加してください。

前回の役員会は電話会議になりました。役員は全部で四人。これほどシンプルな役員会は世界にもそうはないでしょう。メンバーは私、崇信、楊致遠、そして孫正義氏です。役員会の決定はとても早く、意見は一致しました。現在の目標は利益ではなく、サービスを完成させ、市場の占有率を高めることにあります。

未来に対して確信をもっていれば、全力で進むだけです。それに利益がついてくればまた考えましょう。五年後、八年後の市場に対して、ますます確信を深めています。市場占有率が一ポイント高くなれば、将来一億ドル多く稼ぐことができるでしょう。これは概念的なもので、役員会で意見が一致したところです。

もちろん私たちは勤勉に働き、つつましく倹約していきます。アリババを高福利の会社にしたくはありません。子どもの日にはおもちゃを支給、中秋節には月餅を支給なんていうのは古臭い昔のやり方です。アリババのスタイルではありません。私見ですが、本当にいい会社は支給品に頼りません。今後毎月、毎四半期に利益を出し、株価に反映させます。マンションを十部屋買えますよ。

多くの社員を採用している今、創業精神、節約精神を育んでおかなければ、将来的に頭の痛いことになります。分かりますか。給料分きちんと努力しろと言い続けなければなりません。

これも一つの考え方なのですが、Tシャツや短パンやサッカーボール等に関しては、イーベイやヤフーのやり方は称賛に値すると思っているので、そこから学ぶのも一つの手です。彼らの会社には売店があり、そこで自社ブランドを付けた衣服や雑貨を販売しています。デザインが良ければ買ってでも欲しいものになります。一年に一、二枚のTシャツを支給するのは構いませんが、それ以上は自分で買ってもらいましょう。

（注13）世界遺産の西湖にある全長約一キロの土手。唐代の詩人白居易が杭州の地方官だった時に築いた。堤にある断橋は伝説「白蛇伝」で有名

完璧な制度などない

次の問題です。ＫＰＩ（key performance indicator 重要業績評価指標）の問題が顕在化してきています。「アリババは厳しすぎる」とのぼやきが聞こえ、社員の多くが違法行為も厭わないような勢いで達成する方法を模索しているようです。

若い人はＫＰＩがなければいいと思っているようですが、絶対に必要です。ＫＰＩを定めない会社はスタートダッシュの勢いこそあれ、早々に沈没してしまうでしょうし、定めた会社は、曲がりくねった道を進むことになるかもしれませんが、業績が悪化しても急降下はせず、ソフトランディングできます。ＫＰＩは必要ですが、いつどのように使うのか、何が本当のＫＰＩなのか、科学的根拠があるのか、私たちにはそれに答えるだけの経験がまだありません。

それでも、大きな枠組みで考えれば、やはり必要であり、科学的根拠うんぬんで否定できるものではありません。目標を定めていなければ、毎日楽しく仕事をしていたとしても方向を見失ってしまいます。幹部の皆さん、ＫＰＩを考査する科学的な方法を見つけてください。

もう一つ気になっていることは、ＫＰＩをまるで上が決めたかのように言う幹部がいることです。社員に、上層部がバカだから自分たちが苦しめられていると感じさせてしまいます。よくあることですが、良くない習慣です。上下が連携して行うものでなければ意味がなく、もしあなた自身がこの制度が不合理だと感じるのであれば、あなたが上司へ進言すべきです。確かに複雑で面倒な制度かもしれませんが、「まったく『上』が押し付けてくるからまいったよ」などと言わないように。

もう一つ言うとすれば、ＫＰＩをやることで価値観が破壊されてしまったらおしまいです。以前アリババのライバル会社だった某社は、それを上げるためにゲームを発明し、手順を変え、つまらない人間を採用しました。

アリババで検索すると、アリババとは何の関係もない数字やキーワードも出てきます。自分たちの商品やサービスがＫＰＩを導き出すのであって、ＫＰＩのために仕事をするのであれば、まったく意味がありません。

何が必要なのかを明らかにし、お客様のために価値あるものを創造しましょう。あぶくのような不確かなものではなく、しっかりしたものを。重ねて言いますが、第一にＫＰＩは行わなくてはなりません。第二に、ＫＰＩを科学的根拠のあるものとし、経験を総括し、上下関係だけでなく横の連携も風通しの良いものにしていきましょう。第三に、ＫＰＩを完成するために、アリババの価値観を壊すような意味のないことをしない。以前に何度も言っていることですから、皆さんよく分かっているとは思いますが、よく気をつけてください。

そして、状況が変化したからと言ってＫＰＩを抱え込んで仕事に反映させないのは間違いです。ＫＰＩを使って、短期の利益と長期の利益をどうやってバランスを取るのかを読み取りましょう。管理職以上の社員は『歴史の空（注14）』を読むことを勧めます。この小説の中の場面で、朝鮮戦争で支援軍総本部が主人公に撤退を命令するところがあります。すると、彼は軍事要地にもしアメリカ軍が上陸したら人民解放軍に危険が及ぶことを察知し、ＫＰＩにそって、三日以内にその軍事要地に派遣されれば行きますと返事します。もしもともとの命令系統に従って上へ報告しなければ、アメリカ軍の好きにされてしまったことでしょう。

主人公は悩みます。ここを守れば自分の命は永らえまいが、部隊は温存できるだろう。この状況下で撤退を決断できるでしょうか。ここで彼の下した決断は状況を報告し、命令を待つというものでした。長期的な利益と短期的な利益、組織の利益と個人の利益。これこそが農民が中華人民共和国の将軍となった品格と意思なのです。

短期的な利益のためであれば、要求されたＫＰＩを完成させればよいのですが、案件によっては長期的な利益に即するものもあり、何らかの行動を起こさねばなりません。何のために幹部社員が、リーダーがいるのでしょうか。皆さんは自分の価値観に基づいてこれはこうやれと言わなければなりません。この世に完璧な制度などありません。価値観のある人によって制度は完成されるのです。価値観が私たちを正しい方向へ導いてくれます。ＫＰＩがそれをサポートしてくれます。

以前、私はよくＹＥＳ理論について話しましたね。上司がどうしようかと聞いたらＹＥＳと答える。でも、考えてもみてください、一番簡単なのは、責任を負わずにＹＥＳと言ってしまうことです。単純に白か黒か割り切れることなどめったにありません。どんな物事も五十一対四十九に分かれます。五十一か、四十九か。これを決めるのが経営判断であり、バランスなのです。

（注14）徐貴祥著。抗日戦争から文化大革命までを描いた歴史大河小説

社員はほほ笑んで家路につく

忘れてはいけないのが「スマイル」。アリババの大切な文化の一つです。会社のロゴがスマイルでしょう。デザインを決める時に、社員やお客様が家路につく時にほほ笑んでいてほしいから笑顔のロゴにしてくれと言いました。当時、二百人を超している社員全員の顔と名前は必ずしも一致してはいませんでしたが、見知らぬ人が紛れ込んでいればすぐに気づくことができたでしょう。それはスマイルがないからです。

今の社員は笑わないクールな人が増えましたね。アメリカの会社を訪問すると、どの会社も社員はニコニコして「ハロー」とあいさつしてくれます。建物の中に入る人は、バイ

ヤーであれ、サプライヤーであれ、どちらにしてもビジネスパートナーなのですから、これは当たり前のことです。ビジネスチャンスを運んできてくれた人を歓迎しない理由などありません。

常にスマイルを！ アリババ人は心楽しく生き生きしていると思われましょう。本当にそうなったら、アリババは特別な会社になっていることでしょう。

これは心理的な問題でもあります。心からほほ笑むのは簡単なことではありません。しかし、毎日自分にスマイルを強制すれば、徐々にできるようになります。悩みが深くほほ笑むのは無理と思っている人も、無理やりほほ笑んでみましょう。ロゴを社員の顔へ！ 幹部の皆さん、レッツ・スマイル！私たちがほほ笑めばロゴを実演していることになり、スマイルの文化を体現していることになるのです。

サービスは世界で最も高価なもの

最前線のセールス担当の社員に敬意を表します。地方の様子を視察した時の様子を見て、心から感服しました。彼らは仕事を愛し、積極的に前へ進もうとしています。幹部社員、そして事務方の社員も前線視察することを提案します。ここにいる皆さんは、多くの部門の仕事をしてきたと人事部に見なされているからこそM級（管理職）についているんですよ。

アリババは現代におけるサービス業の会社です。サービスで食べている会社なのです。サービスはどこかの部門に属するものではなく、社員全員の仕事であり、幹部社員全員の仕事でもあります。

トヨタの年配の社員が他の社員に替わって雨の中パンクした自動車を直した話をしましたが、いつかアリババにもこのような社員が出てほしいものです。そしてアリババのサービスを守り、ブランドとして打ち立ててほしいのです。

少し前に、私の電話番号が誰かによってインターネット上に曝され、いろいろな電話がかかってきました。昨夜遅く、日本から戻ったばかりのところへ電話がありました。電話の主は興奮して「馬さんですか。私はアリババ誠信通の顧客ですが、詐欺に遭ってクレームを言ったところおたくの従業員は相手にしてくれません。だから直接社長に電話したんです」とまくし立てました。情報共有のパイプが詰まっていたので、電話が私のところまでかかってきてしまったのです。

サービスは世界で最も高価なものです。機械も設備も家もお金を出せば買えます。しかし、サービスは私たち一人一人の時間を使うものです。時間はお金では買えません。

現在、土日もシフトを組んで仕事をしていますね。社員が休んでもお客様のビジネスは休んではいられません。小さな仕事を積み上げることが発展の基礎となります。

このところ多くのアリババについての記事を読みましたが、九〇%が悪口で、残りの一〇%は内部の人が書いたものです。私と同じように、皆さんも驚きませんね。ライバル会社は広告代理店を使ってネガティブキャンペーンを行っています。反撃力を高めるために、一部の文章を皆で一緒に読みたいくらいです。

利益の出ないビジネスは不道徳ですが、利益だけを追い求めるのも不道徳です。需要を掘り起こし、市場を創造しましょう。もし外で異常現象が起こったり、分からないことがあったりしたら、即刻私に知らせてください。私が説明しましょう。実際のところ、アリババの反撃力はかなりついてきたのですが、内部の情報共有が十分ではありません。多くの問題や改善点があることは事実ですが、現場を見てみれば、そしりあうほどのことではありません。

今、アリババは「ウォール街が上場を待っている会社」ナンバーワンです。アリババのムーブメントを起こしましょう。皆さんもこの波を感じていることでしょう。上場するときには、この波しぶきを全世界の投資者に届けましょう。社員も社会からの尊重を受けることになります。これは一時的なものではなく、アリババの社員であることを終生誇ることができるようになります。

第四章——大会社に共通する病、官僚主義を批判する

2007年、アリババは持ち株会社体制に移行し、アリババ、タオバオ、アリペイ、ヤフー、アリソフトの100%子会社5社を傘下におくグループ企業となった。

■二〇〇七年二月七日

グループ年次総会での講話

二〇〇七年一月八日、馬雲は上海にて企業の商業用ソフトの分野に進出することを宣言し、アリババソフト有限会社を設立。アリババは電子商取引、支払いプラットホーム、サーチエンジンから応用ソフトまでを扱うようになった。

心の内こそ苦しい

苦労の多かった一年が終わろうとしています。いろいろなところで話してきましたが、二〇〇六年はアリババにとってつらい一年でした。今日は全社員に集まってもらったわけではありません。なぜかというと、五千人を超える社員が集まることができる場所を杭州で探すのが難しかったこと。もう一つは、この年次総会のために杭州へ戻ってもらうのは疲れるし、移動中の安全の問題もありますし、皆さんに穏やかな春節（旧正月）を迎えてほしいからという理由もあります。今日の私の話を全国各地へ持ち帰り、考え方や状況をチームの皆さんに伝えてください。

先ほど、パワーポイントで子会社各社の社長が二〇〇六年の業績報告をした時に、皆さんもよく見たことと思います。確かに昨年はまずまずの成績を収めることができましたが、ベストだったわけではありません。二〇〇六年の苦労は心の中の苦労でした。一九九九年から二〇〇六年までの間で昨年が最も苦労した一年でしたが、これは想定内です。二〇〇五年の年末に「つらい一年へ足を踏み入れることになる」と話したのを覚えていることと思います。

幸いにも各部門共に仕事をしっかりと仕上げ、良い成績を収めることができました。「五年ビンテージ」の皆さん、アリババのような会社で五年間勤め続けるのは並大抵のことではなかったでしょう。今後はアリババには十五年、二十五年ビンテージの社員が必要なのです。

「偉く」なった幹部社員

二〇〇六年は、アリババの社員の心がお客様から離れ、官僚主義的なオフィス政治が見られるようになった年でした。見栄を張り、金遣いが荒くなっていることに心を痛めましたが、起きたばかりの問題ですからすぐにも解決できると考えていました。

価値観についてあまり話さなくなっていますね。特に幹部社員は。社外から見れば、アリババはB2Bであり、C2Cであり、オンラインペイメントであり、ヤフーのホームページであり、アリソフトでもあるわけですが、アリババ社内で一番大切なのは価値観です。アリババの核心です。

この一年はプレッシャーや競争、さまざまな問題がありました。幹部社員は価値観を部下の仕事ぶりを審査する道具とすべきで、彼らの思想をチェックするために使うべきではありません。価値観は心の中からにじみ出るものではないのです。

アリババに必要なのは、社員一人一人が心から会社を愛することです。自分のやっている仕事へ関心を持ち、社内のことにさまざまな方法を使って取り組むことです。表面的な行動ではなく、さまざまな努力を通じてお客様に貢献することなのです。

皆さんの心はお客様から離れてはいませんか。ここにいる皆さんはどれだけの時間をお客様の話に耳を傾けることに使っているのでしょう。この一年、お客様からたくさんのお手紙をいただき、いろいろと反省させられました。会社が大きくなったのだからお客様と距離をとってリラックスしてもいいと考えていたのではありませんか。アリババはまだ五千人の企業ですが、今後十万、十五万の規模になります。まだ設立八年ですが、これから九十四年の道のりが待っています。

他にもあります。幹部社員が偉くなってしまい、一般社員の多くが幹部と話をするのを怖がっています。今朝M級以上の社員と交流の場を持ったところですが、話を聞いて寂しくなるばかりでした。一九九九年から二〇〇一年の創業前後の時期は週末ともなれば社員からショートメールや電話が来たものですし、将棋やトランプをしたりもしました。私が忙しくなったから邪魔したくないという人もいるでしょう。自分も忙しいから、せっかくの週末はゆっくり休みたいという人もいるでしょう。よく分かります。でも深いところでは、私たちの親密感は薄れてしまったように思えてなりません。アリババは大きな家族です。仕事中はプロとして、普段は友として接したいものです。

「五年ビンテージ」社員の入社初日のことをよく覚えています。皆さんが成長し、本物のアリババ人になって、自分の仕事や会社のために努力をする姿に感動しています。

その一方で、業務上の問題は少なくありません。B2Bは伸び悩んできていますね。成長速度は予測を下回っています。タオバオは競争の挫折を味わいました。アリペイは成長してきています。ヤフーもこの一年、いろいろな変化がありました。

これらのことを振り返ると、特に多くの幹部に官僚主義的な行動が多くみられることは問題です。例えば、採用しようとしている人を玄関で一時間近くも待たせるのは傲慢だと思われても仕方がないでしょう。アリババは若い会社です。外からいらしたお客様を一階の待合室で一時間近くもお待たせして、やっと幹部社員が出てくるようではこう思われても仕方ありません。「杭州にはこんなに傲慢な企業があるんだ。こんなに傲慢で他人を尊重しないようでは、いつか問題が出るだろう」。

この問題は幹部社員だけでなく、私にもあるのかもしれません。幹部社員は職責を全うしなければなりません。一般社員に間違いがなくても、幹部社員に間違いがあるのはよくあることです。幹部の間違いはCEOの間違いでもあります。私は二〇〇六年の自分の仕事に満足していません。ですから取締役会に二〇〇六年の自分のボーナスはゼロにする案を提出しました。一番苦労しているのは私ですが、結果が出ないのであれば報酬もないのです。

つらかった二〇〇六年は終わりました。まずはこのような問題がどうして出てきたのかを考えましょう。社員への心配りができていなかったですね。多くの幹部社員は自分のオフィスや机、自分に十分な権力と地位があるかどうかに心を砕いています。この一年、採用してきた多くの優秀な管理職の社員たちの経験は、われわれが学ぶに値します。アリババ社員は世界各地から集まってきています。それぞれの長所を分かち合い、常に短所を検討していきましょう。

甘んじて厳しく打たれよう

あまり過去のことを話すのは好きではないので、二〇〇七年にわれわれは何をするのか、世界は、中国は、インターネットは、そしてアリババはどのように変化していくかについて話しましょう。この三カ月、多大な労力を注いでアリババ始まって以来の組織変革に取り組みました。アリババは持ち株会社のグループ企業となり、傘下に一〇〇%出資の子会社を五社抱えることとなりました。アリババ、タオバオ、アリペイ、ヤフー、アリソフトの五社です。このような形にしたのは、五社がそれぞれの業界においてリーダーとなり、業界の考え方を変革してほしいと考えたからです。

五社にはそれぞれ十分に自主管理する権限を与えています。当然五社のトップは親会社の私、李琪（元アリババCOO）、呉炯、関明生（注15）による厳しい審査を受けなければなりません。それは八年前の創業時にベンチャーキャピタルや取締役会から受けた厳しい審査と同じです。厳しく管理、審査しなければ今後の経営上に多くの問題が発生する可能性があるからです。

組織変革に取り組み、五社体制となりました。管理層の幹部社員がマルチ経営の企業を運営するにあたって一番の問題は管理と組織の不完全さです。アリババグループ全体が多元化した発展をしていくために、五社が互いに産業のリンクを作り上げなければなりません。戦いは長く続くでしょう。この業界、産業、国家、そして全世界の電子商取引のために、アリババは自分の仕事をやり遂げなければならないのです。

もしアリババにタオバオやアリペイ、ヤフーがなく、すべての幹部社員の力をＢ２Ｂに注がなければならないとしたらどうでしょう。数年は三桁の成長を続けることができると は思いますが、それだけでは足りません。中国の未来の経済建設や世界の電子商取引に影響を与える企業になりたいのです。そう考えると、今日の問題は幹部社員の能力、組織、歴史にあることが分かります。アリババの文化は薄っぺらなものですが、「多元化作戦」に向き合わねばなりません。

これから一年以内、または二年以内にさらに何社か設立する可能性は十分あります。多くても七社でしょう。今既に五社ありますから、あと二社ですね。なぜ七社で八社でないかというと、「七」は中国では縁起のいい数字ですし、アリババのラッキーナンバーでもあります。北斗七星の布陣は、チームワークを意味します。六でも八でもなく、やはり七が一番いいですね。

（注15）Ｓａｖｉｏ。米国ジェネラルエレクトリック社に十五年間勤務したのち、二〇〇一年にアリババ入社。現在アリババ顧問

胸のつかえが取れた瞬間

五社の戦線を進めるにあたって、チームの管理能力が問われます。昨夜、中国が置かれている段階を正確に認識することについて温家宝首相の講話を聞きました。中国が社会主義市場経済の初級段階にあることを認め、生産力を大いに高めることが現在は大切だという内容でした。これを聞いて胸につかえていたものが取れたように感じました。アリババは三、四年前とは変わりました。三、四年前のアリババはまだ小規模で、政府の影響を受けることもあまりなく、取り巻く環境も良いとは言えない状況でした。今日のアリババにとって国家の趨勢、社会の発展、取り巻く環境はとても重要です。

温首相の講話を聞いていて、これはアリババのこれから三年の発展における大きな保障であり、社会環境全体への保障であると感じました。

これまでは、調和社会であるとか、貧困地区をどのように助けるか、農村の発展などの話題に終始し、社会全体に富をもたらす企業や生産力をいかに創造していくかという話題は持ち上がりませんでした。私の記憶に間違いがなければ、共産党十七次全国代表大会以来の大切なきっかけと言えるでしょう。国家がこれまで通り社会の富や生産力の発展を堅持していく裏打ちが示されたのです。インターネットは新しい生産力であり、電子商取引は必ず中国全体に影響を与えていくのですから。

二〇〇七年はアリババの年になります。あちこちで言っていますが、今年はさまざまな仕掛けで、世間におけるアリババの印象を変え、顧客や投資家にアリババをより理解してもらいます。また、会社をますます発展させ、社員の生活もより良く、楽しく仕事ができるようにしていきます。

さらにその向こうにある目標は、二〇〇九年を中国の電子商取引の年にすることです。二〇〇九年九月十日まであと三年弱の時間しかありません。それまでにやらなければならないことがたくさんあります。

二〇〇九年九月十日、アリババグループの行う電子商取引によって、中国に天地のひっくり返るような変化が発生することでしょう。それは二〇〇七年から起動するのです。今年の戦略において、B2Bは引き続き牝牛の役割を担い、B2B市場の占有率を拡大し、B2B

サイトを充実して顧客満足度を向上させていきます。Ｂ２Ｂは今年もアリババのけん引役となります。タオバオ、アリペイもそれぞれ取引を増やすように全力で取り組んでください。

金儲けを忘れよう

タオバオには利潤を生む仕組みがないという人がいます。皆さんに言っておきます。金儲けのことは忘れましょう。

二〇〇七年から二〇〇八年、タオバオとアリペイは協力し合って、なるべく早く一千億の取引を達成し、中国最大の小売業者になってください。孫彤宇（注16）にはタオバオを中国最大の小売業者にさせるという夢があります。十年以内に世界最大の小売業者になることができたとしたら、私たちの未来のライバルはウォルマート（世界最大規模の米スーパーマーケットチェーン）になりますね。

ですから、タオバオの取引を二〇〇七年には四百億、二〇〇八年には一千億を達成しようと考えています。アリババは中国の商業環境全体を変えていきます。中国に百万人の雇用機会を創出します。一千億の取引があれば、必ずや中国の革新と発展を促進できるでしょう。

タオバオとアリペイのコンビは中国の小売業界、商業、雇用機会、創業機会を変革していくと考えています。取引一千億をいったん突破したら、中国全体が電子商取引によって大きな変化を遂げるでしょう。その時、メーカー各社は大挙して国美に取引をお願いする必要はなく、アリババに店を構えていれば大丈夫なわけです。

これがアリババの理想とするところです。一千億の目標が実現する前のタオバオとアリペイの目標は「金儲けを忘れる」です。利益は必ず出ます。売り上げが自然に伸びることが大事で、無理やり捻り出すものではありません。中国に百万人の雇用機会を創出し、商業環境を変革し、社会の効率を高めていこうではありませんか。

アリババの第一部隊はB２B、第二部隊はタオバオとアリペイ、そして第三部隊はヤフーとアリソフトです。

（注16）アリババ創始者の一人。二〇〇三年タオバオを創建した。二〇〇八年退職

働いて稼いでこそ社会的責任を担える

ここで皆さんともう一つの問題について話したいと思います。中国のインターネットや全世界の電子商取引、さらには中国経済、アジア経済、世界経済の成長にまで影響を及ぼそうという会社として、アリババは社会的責任を担わなければなりません。

社会的責任とは慈善活動だけを言うのではありません。アリババにとって社会的責任とは、まずはユーザーや顧客に対しての責任があります。アダルト情報や賭博、暴力が満載のサイトを持つどこかの会社のようにはなりたくありません。彼らは若者を毒しています。アリババの社員は全員、インターネットの良い面を全力で守ってください。インターネットの悪い面は強烈なものがあるからです。インターネットが社会に与える正しい影響の効果に責任を負わなければ、アリババがビジネスを長く続けることはできないでしょう。

使命感。世の中から難しい仕事をなくし、買えない商品をなくし、社会をよりよく変え、人々の成長を手伝っていくという、この使命感を絶対に忘れてはいけません。現段階におけるアリババの社会的責任とは、私たちのサイトを本当に世の中に貢献できるものにすることなのです。

どんなに儲かりそうであっても、会社が破産するようなことになったとしても、出会い系サイトや犯罪の依頼、アダルト情報などで商売をすることはありません。

皆さんも一緒に社会的責任を次の世代へ伝承していきましょう。

アリババには中国で最高の社会的責任のあるプラットホームがあります。雇用機会を創出し、法の定めるように真面目に納税しています。策を弄して脱税しているくせにチャリティーに寄付などして慈善家気取りの会社とは違います。創立八年、私もまだ四十代です。慈善事業に寄付することもできますが、今やらなければいけないことは、ソロス氏が言ったように社会的責任を果たすことです。まずやらなければならないことは、しっかりと働いて稼ぐことです。働いていない者は責任を果たすことができません。自分で働いて稼いでこそ、社会的責任が果たせるのです。

アリババはインターネットの中で社会に対して、納税者として責任を担っています。アリババＢ２Ｂがチャンスをつかんでいくことも、私たちが負うべき責任の一つでしょう。今年一番ホットな話題は地球温暖化の問題です。ホットなだけでなく、現在の世界において非常に重大な問題でもあります。

今年の冬のように、人類が知らないうちに地球が変わってきています。北京は本来であれば冬には雪が降るのですが、今はほとんど降らなくなってしまいました。杭州の冬がこんなに暖かいなんて、皆さんも想像したこともないでしょう。今年の冬がこんなに暖かいのは、どうしてでしょうか。それは人類が自分で引き起こしたのです。木を切ったら環境に悪影響があるなんて、五十年前に誰が考えたでしょうか。

多くの企業が環境保護の意識がなく、地球を守る気持ちもなかったら、さらに五十年後の杭州はどうなっているでしょう。夏は六十度まで上がるかもしれません。北京は冬にならなくなっているかもしれません。木を切るよりも恐ろしいことです。

世界の千七百万の中小企業がアリババのサイトを使いながらビジネスをしている時に、一緒に地球を守れないでしょうか。

会社の急成長は、社会の成長ともリンクしているべきです。実務に励み、しっかりと真面目に責任を担いましょう。今年の西湖論剣（アリババ主催のイベント）ではこの主題を取り上げ、全国、全世界のインターネット関連会社に呼びかけ、次の世代のために努力しましょう。

政治が分からなければ、経済のやりようがない

アリババには夢があります。二十年後に中国の企業トップ五百社のCEOにアリババ出身者が多くランクインしていることです。アリババを中国マーケットの名将を育むゆりかごにしたいのです。

ビジネス界のリーダーになろうとしたら、世界を見通す目を持たなければなりません。世界を分からずに、中国でビジネスはできません。政治が分からなければ、経済のやりようがありません。経済が分からなければ、どうやって国を治めるのでしょう。マクロが分からなければミクロも分からず、ミクロが分からなければマクロも分からない。私が何の話をしているのか分からない人もいるかもしれませんね。政治が分からなければ経営が無理だと言っているのは、政治家になれと言っているのではなく、大局を見渡せと言っているのです。

いつどんな話をするのか、よく気をつけましょう。二〇〇七年は人材の導入、良好なメカニズムの構築、資本の運用、会社全体の影響力の拡大、売り上げの向上以外に、ここにいる皆さんと一緒にアリババの基本法を制定したいと考えています。

百二年続く会社になるため、アメリカのような憲法をつくる必要があります。何ができ

るのか、何ができないのか、何をすべきか。今このような問題を考えている会社は多くはありません。しかし、人材、メカニズム、環境など各方面から、長く続く会社になるためのシステムを作り上げる必要があります。アリババ基本法制定に着手しましょう。

最後にアリババの今後三年について話したいと思います。これを把握していなかったら一生後悔しても足りません。二〇〇七、二〇〇八、二〇〇九年は多くの競争に直面するでしょう。競争する中で、自分たちの戦略を信じ続けなければなりません。例えばタオバオ。誰かから「儲からない」と言われて、儲けなければいけないと思うようでは負けてしまいます。アリババが何をしたいのか、何をすべきなのかを理解しなければなりません。

二〇〇七年は戦略を得て、自分を頼みにやっていきましょう。多くのインターネット関連会社が上場しました。また多くのB2Bサイトから受けた衝撃も少なくありません。その一方でタオバオは急速に成長し、バイドゥとグーグルの競争も激化しています。

二〇〇七年も私たち一人一人が楽しく元気でいられますように。去年は本当に疲れました。健康な体を失っては何にもならないことを、ここで特にお伝えしたいのです。

アリババの歩む道はまだ九十四年も続きます。二〇〇七年、二〇〇八年、二〇〇九年はアリババの年！それは、ここにいる皆さんの変革によるものであり、仕事によるものであり、作り出してきたものなのです。もう一度お礼を言わせてください。ありがとう。

第五章——今も初心へ戻れるか

この時期になると、徐々にアリババ中国サイトにマンネリ化が見られるようになる。馬雲氏はアリババ B2B サイトについて懸念し、改革の必要性を訴える。アリババは初心に戻り、中小企業をサポートしていくことを改めて表明した。

■二〇〇七年六月十三日

CCBU動員会での講話

馬雲の遠大な理想の一つに「一億人へ職場提供、十億人へ商品提供」がある。アリババは「一千万の中小企業のために一万億元の信用貸し付けを行う」と同時に「新商業文明」を作り上げ、インターネットのプラットホームを使って二百年続いてきた伝統産業の秩序を覆そうとしている。

※CCBUとはアリババの国内流通事業部のことである。

革新は社員からお客様へ届くもの

ここ二、三年感じているのですが、このフロアに来ると憂鬱になるのです。先ほど衛総経理が情熱について語りましたが、その情熱がアリババ中国サイトには感じられません。革新するぞ！もっと高い目標を突破するぞ！という表情が、皆さんの顔には浮かんでいません。サイトにもアリババは前に進んでいるんだということが感じられません。それは、やっている人間が変わらないからです。ここにいる人たちの情熱がみなぎらなければ、情熱的なサイトなどできないのです。

八階に来ると、情熱や前進するパワーではなく、何やらどっしり構えた印象を受けます。ライバルは往々にして最良の研究対象なのですから、常に革新をしながらも、ライバルの動向には目を配らなければなりません。誰かがアリババの真似をしたら、もちろん一〇〇%真似をしたらうまくいくはずはありませんが、二、三%であれば、改革として有効かもしれません。どうして真似されたのかをよく研究して、自社の状況に照らし合わせれば、アリババにも有益なこともあるでしょう。

すぐに効果を出したければ、アリババのアクセス数、影響力、そして社員をよりどころにすれば必ずうまくいきます。

私たちがライバル社の研究をしていると、相手は「この野郎、真似しやがったな」と大声で言うでしょうが、自分が真似をしているとは言いません。どんな特徴があるのかを素早く見定めて学び、学び取ったものをすぐに使って身につけなければなりません。ここにいる何人が自分のサイトを毎日見ているでしょうか。

私はタオバオを毎日見ています。タオバオで買い物をするわけではありませんが、見れば見るほど楽しくなってきます。毎日新しいものがアップされていて、購買意欲が刺激され、売る人、買う人と交流したくなります。昨日はタオバオにファッションショーをやるという書き込みがあったので、二時間も見てしまいました。

革新は社員からお客様へ届くものです。数年前のアリババのサイトもそんな風でした。よく覚えています。会社を創立したばかりの一九九九年から二〇〇一年は正真正銘の商売人用のサイトでした。商売のチャンスを見つけて衝動的に「俺もやるぞ！」と叫んで、従兄弟や親戚に電話をかけまくり「早くしないとチャンスが逃げてしまうよ！」と言うような社員もいました。商機を会社に言わず自分でやろうとした何人かを解雇せざるをえなくなりましたが。

当時のサイトにはチャンスが詰まっていました。商売をしない人でも毎日アリババのサイトを見て、商品が安いとか売れ筋だとか言っていたものです。今、中国には起業のチャンスがゴロゴロしています。アリババは会社を立ち上げた人、起業を考えている人を結びつけ、バイヤーやメーカーを探す手伝いをしなければなりません。

これが今の中国サイトには感じられません。どこかの会社のサイトのようになってきています。今回の改定が間違っていたとしたら謝ります。会社が発展するときには、間違いは往々にして起こるものです。アリババを真似た会社は真似るだけでは飽き足らず、記者会見まで開いています。もし私たちが改定内容を是正したとしたら、彼らも是正するのでしょうか。もう一度記者会見を開いて、自分たちが間違いを見つけて直したと言うのでしょうか。

去年一昨年当時としての判断は正しかったとしても、状況が変わって現段階では間違っていることがあれば、思い切って直しましょう。アリババは大企業ではないのですから、間違えば正せばいいのです。何も恥ずかしいことではありません。恥ずかしいのは間違っても改めないことです。アリババ文化のやり方からすれば、改めたのがさらに間違っていたら、また改めればいい。

今、私たちのサイトはどこへ向かっているのでしょうか。昔のアリババのサイトは確かに田舎っぽかったですが、なんでもありました。義烏の雑貨市場を面白いと思いませんか。いろいろな物があって、猥雑でワイワイガヤガヤ。以前はもっと汚くごちゃごちゃしていましたが、その中には宝物が潜んでいました。それは商機、人気です。

十五年前、浙江省の多くの人が義烏の雑貨市場で商売をしたいと考えていました。あの人が五平米なら自分は八平米。あっちが木の机なら自分はスチール家具。他に先駆けて一人一台コンピューターを導入。その結果、やっぱり商売がうまくいかない場合、その原因は人にあります。

最大マーケットは中小企業と個人事業者

アリババ中国サイトは売り上げ第一主義で、バイヤーではなくサプライヤーへ向けて作られています。サプライヤーに見せるなら「誠信通」（注17）です。

アリババの特徴は無数の中小企業のサプライヤーとバイヤーの両方がいることです。サプライヤーだけに絞ったら未来はありません。大きなサプライヤーの餌だけに食いつくのは間違いです。先日、象山（浙江省寧波市にある港町）の海釣祭に行った折、面白い海鮮市場に入りました。そこには海鮮料理を食べさせる店がひしめいていました。多少汚くはありましたがものすごい人気で、ありとあらゆる海産物が並んでいます。大きなサプライヤーは、ちょっとお高くとまったレストランのようなもので、食事の後にケーキとコーヒーがつくわけです。海鮮料理をたっぷり食べたら、デザートはあってもなくても問題ありません。さらにデザートも用意しておけば、お高くとまった人も海鮮料理屋へ来るでしょう。それなのに、今のアリババはケーキが大きくなるばかりで、海鮮料理はどんどん減っています。

中国で最大のお客様は誰でしょうか。一番助けを必要としているのは誰でしょうか。大きなサプライヤーのサイトを見てみました。その中に徳力西電気ＤＥＬＩＸＩもありましたが、本当にここと契約を交わす会社がどれくらいあると思いますか。レスポンスをチェックしていますか。多くの人が、敷居が高すぎて自分には無理だと感じています。アリババユーザーの大部分は中小のサプライヤーとバイヤーですから、必要とされているのは一対一の関係です。

皆さんに聞きたいのは、私たちのお客様は誰なのかということです。それは中小企業であり、個人事業者なのです。

中国には四千二百万の中小企業と個人事業者があり、中国の雇用の七〇%と税収の七四%を支えています。これこそが、私たちの最大のマーケットなのです。大企業はアリババの助けなど必要としてはいません。国有企業は国のサポートがありますし、グローバル企業にはグローバルな投資がされるでしょう。中小企業だけがアリババのサポートを必要としているのです。昔も、今も、未来も、アリババは中小企業と個人事業者をサポートし続けます。成長を助け、就業を助け、生存を助け、発展を助ける。この仕事をして初めてアリババは中国経済に貢献していると言えるのです。

皆さんの仕事ぶりには感謝しています。誠信通がなければ、今日のアリババ中国サイトはなかったでしょう。誠信通のために頑張ってくれている皆さん、ありがとう。アリババB2Bと中国のサプライヤー、そして誠信通がなかったら、タオバオも、アリペイも、アリソフトもなかったでしょう。そして、もちろんヤフーチャイナを買収することもできなかったでしょう。しかし、自分の殻を破ることをせずに、売り上げ第一主義で、使命感を感じて働くことがなく、誰かの成長や創造を助けることがないのであれば、仕事をすればするほど心配になってきます。ですから、私たちのお客様が誰で、何をサポートしていくのかを、今、あらためて皆さんと共通認識を持ちたいのです。

アリババのお客様は四千二百万もある中小企業や個人事業者です。誠信通の会員は二十万ですから、たったの〇・五％にも満たない数です。このマーケットは非常に大きく、今のところアリババはトップを走っています。しかし、中小企業へのサポートの手を抜けば、イーベイのようになってしまいます。当時、中国のインターネット人口八千万に対して、イーベイのユーザーは四、五百万ほどだったのに、市場の九十％を占拠したと勘違いしたのです。結果としてタオバオは七千五百万のネットショッピング未経験者を取り込み、勝つことができました。二千万を超える中小企業がネット環境を備えています。二十万のユーザーを持つわれわれがあぐらをかいていたら、残りの千九百八十万社は誰かに横取りされてしまうでしょう。

アリババがやらなければ誰かがやります。誰かが二〇％から三〇％の市場を掌握したら、二番手が追随するのは大変困難でしょう。私が心配しているのは、タオバオでも、アリペイでも、アリソフトでも、ヤフーでもありません。心から心配しているのは、アリババB2Bの人たちに危機意識がないことです。

（注17）アリババ系列のサイト。簡単にアリババに店舗を設立できる

自分が感動できないサイトで人を感動させることはできない

自分を改革しましょう。ページビューの一億突破は可能です。ネット環境のある中小企業ならば、必ずアリババのユーザーになってもらうことはできます。はっきり言っておきますが、誰かがアリババのアクセス数を横取りし、ユーザーを横取りしているのに、皆さんはそれを放任しているんですよ。

私たちのサイトはビジネスマンではない人が見ても何かに突き動かされるような、商売を始めたくなるような気分にさせるものでなくてはなりません。どの家にも一人はビジネスマンがいるでしょう。政府機関にだって購買担当者がいます。ビジネスチャンスを見つけたら、まずは電話をとって身近な人に「早くアリババにアクセスしよう！」と告げてほ

しいのです。自分が感動できないサイトで誰かを感動させるなど無理だと思いませんか。

先日、建設銀行とアリババは戦略協議を結びました。これは中小企業の存続をサポートし、売買のチャンスを創造するという重要なメッセージです。アリババは世の中から難しい仕事をなくします。それこそが中小企業の存続、成長、発展、そして努力をサポートすることなのです。

存続については、五年前からビジネスチャンスを提供しています。成長については、アリソフト、アリババ学院の研修を通じてＩＴ武装を用いた中小企業の成長をサポートします。中小企業にとって最も苦しいこと、それは融資を受けられなくなることです。アリババは建設銀行と協力し、中小企業の融資の問題を解決します。

一人一人が国の発展、会社の発展の責任を負っています。平社員も同じです。自分に責任があることを自覚して初めて前へ進むことができるのです。

もちろん、皆さんがまじめにがんばっていると信じています。遅くまで残業している人もよく見ます。しかし、がんばっても、残業しても進歩がないのであれば、進む方向が間違っているのではないかと自問自答すべきです。

無数の小さな革新を積み重ねる

皆さんの愛するアリババのために、社内では率先して持続的変化を提唱してほしいと思います。会社がバラバラになってしまわないように、革新を進めるにあたって何かアクションを起こしましょう。このアクションは今後も起こりうる危機を処理するためのものです。

重要なプロジェクトだけでなく、無数の小さな革新を積み重ねましょう。管理職であれ、一般職員であれ、品質に集中し、大きなプロジェクトに集中する中で、一人一人の提案とその修正によって革新がなされます。商品情報の編集は非常に面倒なことです。手のかかる料理を作るように、丁寧に商品を紹介してくれて感謝しています。

アリババは大きな挑戦に直面しています。会社が急成長をしていく中で、どの子会社も人員が枯渇してしまったため、アリババから次々と引き抜かれてしまい、管理職は特に層が薄くなりました。

それでも前へ進まねばなりませんから、各社に人員を提供せざるを得ない。ここにいる皆さんで、その責任を負うしかありません。ついてないですね。大人が皆出払ってしまったら、子どもでも立派に家を守ることができます。あっちの仕事をやれ、こっちの仕事をやれと言われるかもしれません。皆さんでこの仕事をやるしかないのです。

一つニュースがあります。今から半年間、アリババＢ２Ｂからの人員の異動を凍結します。その必要があるときは、職責に関わらずグループの承認、つまり彭蕾あるいは私の承認を受けてください。この半年間全力を傾けてアリババ中国サイトのレベルを向上させましょう。半年間の努力で五、六年の安泰を取り戻しましょう。

全世界の中小企業の代弁者となる

一年の努力を十年分の努力に変えようと言ったことがありますが、今回は半年間全力でアリババＢ２Ｂを支え、サイト、サービス、商品の全面的な改革を行います。

大企業がここで設備の買い付けをしたらどうでしょう。もちろん結構ですが、杭州の「千子蓮（足裏マッサージのチェーン店）」に「アリババで木桶を五十個買おう」と言ってもらう方がもっといいですね。近所の人にお願いするように「木桶五十個お願い！」と頼まれたら、すぐにお届けしましょう。大企業から木桶五万個と言われたら、木桶の会社は慌ててしまうでしょう。中小企業には五十個くらいがちょうどいい数です。

レストランを開こうとして、たくさんの食器と素晴らしい厨房設備を購入した人がいたとしましょう。半年経って、商売はうまくいかず閉店の憂き目にあいました。アリババに売却の知らせを載せたところ三カ月で三十人が彼のところを訪れ、交渉もうまくいき、さらには新しいパートナーまで見つかりました。こんなチャンスが生まれてほしいわけです。もし蒙牛（中国の大手乳業メーカー）がアリババに買い付けに来て、五万頭の牛が欲しいと言われたら誰がこの注文を受けるのですか。そうでしょう、中小企業のお客様のためにしっかりとした仕事をするのがアリババの仕事です。

グローバル企業は外国資本が、国有企業は国家が代弁してくれます。アリババは中国だけでなく全世界の中小企業の代弁者となります。中国七〇%の雇用の創造者であり、七〇%以上の納税額を担う中小企業を代表するのです。

彼らに代わって考え、ＩＴや電子商取引のサポートをし、融資についても銀行と話し、さまざまな問題を解決するというサービス。木桶五十個、シーツ四十枚、百五十個のお椀の売買をするチャンスの構築。中小企業が今まさに欲しているものは、これではないでしょうか。

世の中には常に数えきれないほどの中小企業があり、二十年後には中小企業がなくなるなんてことはありません。人間がいる限り、商業社会がある限り、中小企業は永遠に存在します。彼らの役に立ちたい、これが使命感です。使命感を持って仕事をしましょう。

ずっと正しいと思っていることに疑問を持つ

ウォルマートは世界に四、五〇〇〇ある店舗の店長を全員アメリカの本部へ呼び寄せ、一緒に食事をして近況を報告し合ったら解散、ということをやっているそうです。面白いですね。ウォルマートは開業当時十七店舗しかなく、一堂に会して行動をとっていたのは分かりますが、何百も店があるのにまだ同じことをしているとは驚きです。絶対に改革すべきです。

私たちは競争に打ち勝つためにアクションを起こしてきました。何年も経ってからでは、新しい人にはなぜそんな行動をとったのか分からないでしょう。暗闇の中を行軍するのは面白く、実際は足元に何もなくても前の人がピョンと跳んだら後ろの人も飛んだりします。実は前の人は足を蚊に刺されただけだったとしても。

プロセスに問題はないか、いつもの思考回路に問題はないか。ずっと正しいと思ってきたことに挑戦する勇気があるか、挑戦すべきなのは何か、丁寧にやらなければいけないのは何か、自分の秘密兵器は何か。もちろんつつき回して秘密兵器をダメにしてしまっては元も子もありませんが。

最後に一つお話をしましょう。七十年代末に私は杭州で英語を勉強していました。西湖のほとりで外国人を見つけ、中国のラジオ体操は面白いと言われてそれを教えることになりました。一通り教えて振り返ると彼らも振り返ります。私が笑えば笑い、腰をかがめれば彼らもかがめました。

二日目にもう一度やってみると、彼らは同じところで振り返り笑って腰をかがめるではありませんか。これが習慣です。ずっと正しいと思ってきたこと、競争のために必要でやったことでも、実は滑稽な動作だったりするわけです。やればやるほどさらに滑稽になっていきます。

なぜアリババB2Bはここ数年伸び悩み、進歩せずにいるのでしょうか。今、幹部たちの戦略ははっきりしています。そして既に措置を取り始めています。しかし、最も大切なのは一人一人がアクションを起こし、挑戦することです。自分の固定概念に果敢に挑戦し、枠にはめないこと。昨日がこうだから今日もこうだと言うのであれば、企業の改革、そして発展に希望は持てません。

■二〇〇七年六月十三日
ICBU動員会での講話

二〇〇三年、タオバオは草の根の状態で掘り出され、四年後イーベイから国内市場を奪還した。
ICBUとはアリババの国際サイトのことである。

勝敗を決めるのは頭脳でありサイト

以前、劉庄（注18）で会議をした時に、中国サプライヤーのためのサイトがなければ会社の収入がなくなって会社が潰れてしまうかもしれないという恐怖について話しました。アリババの精鋭部隊とはセールス部隊のことですが、その勝敗を決めるのは頭脳であり、サイトなのです。サイトが強ければ顧客も強くなり、サイトが強ければセールスも強くなり得るのにも関わらず、今のサイトは弱い、非常に弱いです。

皆さんには枕を高くして眠ってほしい。だから今からアリババのサイトを徹底的に変革していきましょう。なぜタオバオはうまくいったのか、それはタオバオのすべての思考が「お客様を指針とし、お客様が価値あるものを創造することをサポートし続ける」ことに基づいているためだと思います。

考えてもみてください。業務を拡張するに当たり多くの展示会へ出展していますが、私たちのお客様とは一体誰のことでしょう。それは中国全土の中小企業であり、全世界の中小企業です。中国のサプライヤーを売り出すために、サイトと宣伝はセールスの方向へと向かっていますが、このままでは不利になるばかりです。

今朝、競合他社のサイトをじっくり見てきました。アリババはメイドインチャイナ。私が見たのはグローバルなサイトであるグーグルです。アリババにも個性がありますが、サイトのインフラがしっかりしていません。四、五年前に提唱されたものが、今日になってもまだできていないではないですか。

私たちに必要なのは大量かつ専門的な情報です。情報を集め分析し、それをお客様と分かち合うための努力がまだまだ足りません。毎日七百五十万のページビューがあると言いましたが、これは本当のページビューではありません。本当のページビューは、お客様のために作り出したビジネスチャンスの一つ一つをカウントしたものです。私たちが心から感動して初めてお客様を感動させることができます。仕事を見直し、無駄な部分はそぎ落としましょう。機械的な仕事をすれば、お客様にも機械的な仕事をさせてしまいます。

こういったことを考え始めると夜も眠れなくなってしまいます。皆さんの目の輝きを見ていると、どうも一〇％から一五％の人は私が言っていることなどどうでもいいと思っているようですね。もっと危機感を持って改革してください。アリババ設立八年来、一番大事な時期なのです。お客様のお金を預かっているのですから、しっかり仕事をして三十億元の売り上げを維持しなければなりません。

（注18）杭州にある西湖国賓館の別称。清朝の富豪・劉氏の邸宅だった

管理は自分のためにするのではない

管理職の中には「こんな複雑なものを管理するのは面倒だ」と感じている人が少なくないようですが、管理とはお客様の需要を満足させるためであり、自分のためにするものではありません。

二年ほど前、杭州のあるレストランへ行きましたが、入ってすぐにこの店はもうダメだと思いました。ウェイトレスが四人おり、マネージャーはテーブルに陣取っていました。このテーブルに座りたいと言うと、マネージャーは「ダメです。ウェイトレスを管理する

ために ここに座っているのです。あちらへお座りください」と答えました。マネージャーがマネージ（管理）するのは部下であってお客様ではないはずです。向こうでボケッと突っ立っているウェイトレスに仕事をさせるのが仕事であって、お客様が座りたい席に陣取るなど言語道断。結果、このレストランは半年もしないうちに潰れていました。

アリババの管理全体の理念とは何か、管理の目的とは何か。お客様の需要を満足させるために部下を管理するのです。この十数人の管理職が、楽な方へ楽な方へと仕事をしてしまったら、ひどいことになります。サイトにたくさんの問題が生じたのは、私たち管理職に問題があったからかもしれません。テレビ番組「中国で勝つ（注19）」で史玉柱（注20）と評論を担当した時に、彼はこう言いました。「人間、自分の悪いところを本当に認識し、見通すことができなければ、進歩などありえない」。真摯に反省しなければ、自分はなんでも正しいと思いがちです。

衛哲（前アリババB2B社CEO（最高経営責任者））とも話しましたが、今後皆さんの仕事や行動を変える決定をたくさんしていきます。結果を出してください。一千万、いや千五百万のページビューをたたき出してください。その千五百万のページはゴミではなく、お客様に何かが変わったと感じてくださるものであることは言うまでもありません。

アリババは今も世界最高のB2Bのサイトです。全世界のB2Bサイトの中で、ページビューも、ブランド力も、技術能力も、人材の備蓄も、資金の備蓄も、お客様の支持もトップです。しかし、走るのをやめた途端に転落してしまうことを忘れてはいけません。私たちにはチャンスがあり、私たちは挑戦しようとしています。アリババのサイトをレベルアップしましょう。技術部門は以前のように命がけで夜を昼についで質と量を誇る仕事を取り戻し、アリババの骨組みを組み立て直してください。もっと開放的な、各国のサプライヤーが出店してまるで国連のような効果が表れてほしいのです。もっと多くのバイヤーを呼び込み、私たちの顧客にしましょう。

自分で自分を変えなくても、競合他社や市場によって変化させられてしまいます。国際サイト上でも「継続的変化」の能力を発揮してください。皆さんの誠実さ、情熱、仕事への愛は本物です。今度は本当の継続的変化、自分自身を変える時です。

（注19）中国中央電視台制作のテレビ番組。起業希望者がプレゼンをし、優勝者はスポンサー企業からベンチャー投資を受けることができる
（注20）中国最大のオンラインゲーム企業「巨人網絡科技（Giant Interactive）」の創業者。健康食品業界でも上位を誇る

くだらないアイデアでもないよりマシ

尻込みせずに、くだらないアイデアを出してください。アイデアがないよりマシです。アクションを起こして今の問題だけでなく未来の問題も解決しましょう。自分のサイトをよく見て、競合他社など他のサイトもよく見て、何かいいところがあったら学び取って使いましょう。

バイヤー、サプライヤー以外にサービス・サプライヤーがいます。二万の中国サプライヤーが本当にアクティブになるようにサービス部門は努力してください。

アリババはネット上の交易の場です。株式市場のようなもので、株をやっている人は損をしたからといって証券取引所に文句を言ったりはしません。私たちはこのプラットホームと交易のチャンスを創造するのです。皆さん、がんばりましょう。がんばらなければ、株を買わないのと同じで何も始まりません。作っている人間に元気がないので、サイトも元気がなくなっています。サイトの元気がなくなれば、皆さんもますます元気がなくなるという悪循環に陥っています。

今日、中国のB2B取引において多くの人がアリババに注目しているのですから、しっかりとした仕事をしなければ、あなたも私も一生後悔することになります。

アリババには今、大きな問題があります。いろいろと考えましたが、やはり率直に話すことにしました。皆さんはB2Bサイトの現状を、まるで川に浮かぶ小舟のように不安定でいつひっくり返るか分からないように感じているのではないでしょうか。私よりもずっと不安に感じていることと思います。それでも長い間がんばっている皆さんに感謝します。しかし、今日導き出したいのは新たな思考回路なのです。革新や変革と言えば、すぐに新しいプロダクトマネージャーやエンジニアを雇い入れることだと考える人がいますが、それは間違いです。

アメリカのヤフーがグーグルに負けるなんて考えられないと感じる人は多いでしょう。アメリカヤフーはグーグルに勝つために技術面での大改造を行おうと六百人ものエンジニアをロサンゼルスに集めたものの、一年経って出来上がった「秘密兵器」は作戦とは合致せず、作り直しとなったそうです。新旧二つの秘密兵器がそろったところで会社は市場を奪われることになりました。ここから学ぶべきは、とにかく前へ前へと進むことです。

アリババB2Bが間違っているわけではありません。もし間違っていたら数十億元の売り上げを達成することはできませんし、世界のB2Bのお手本になることはできませんでした。それでも私たちは今、自分自身をアップグレードさせる必要があるのです。

これまでが間違っていたわけではありませんが、アリババが拡大鏡や顕微鏡で観察されている今、改革を実行しなければそれは間違いです。今までのところ、多くの人がアリババの売上高は虚偽の数字で、経営も強固なものではないと思っています。これから半年から一年の間に確かな証拠となる数字を世界へ向けて示したいと考えています。これまでの実績があるのですから、これからの成長はさらに早くなるでしょう。われわれのやり方が正しいことを証明しましょう。

アリババに入社したのは正解でした。あなたを雇用したのも正解でした。世界を変えるのはあなたです。部下ではなく上司に影響を与え、周囲の部門に影響を与えることができて初めてあなたの能力が偽物ではなかったと証明できるのです。オープンマインドで挑戦を受けて立ちましょう。

これからの半年間、力を合わせて会社の資源をB2Bに集中させ、中国B2B、国際B2Bの両方を改革しましょう。両方を合わせて一億ページビューを達成できれば、希望が持てます。全世界の商業的なページビューを合わせたら、一億に留まることはないでしょう。

第六章——起こりうる災害に備える

2007年夏ごろに米国で住宅価格が下落し始め、住宅バブルが崩壊。いわゆるサブプライムローン住宅危機が発生し、世界の金融危機へと波及していくことになる。馬雲氏はこうした危機を予測していたかのように、経済危機への備えを強化せよと警鐘を鳴らした。

■二〇〇七年六月二十四日

アリババグループ「湖畔論道」での講話

この一年、中国の株式市場は過熱していた。五月三十日、株式は急落し、一カ月のうちに上海総合指数が四三〇〇から三四〇〇まで下落した。そしてこの一年、中国のネットユーザーは二億人を超えた。

物語を語ることを学べ

ありがとう、皆さん。お話を聞いていて、エンターテインメント事業に興味がわいてきました。以前はエンターテインメントなんて訳が分からないと感じていましたが、王社長（王中軍。華誼兄弟伝媒有限公司会長）と話すたびに、「あれはいいよ、やらなきゃだめだよ」と言われ続け、その後華誼（華誼兄弟伝媒有限公司。中国のエンターテインメント企業大手）の役員かつ株主になりました。

ＣＥＯになるためには、まず口が達者でなくてはなりません。同じことを話すのでも、ある人は血沸き肉躍るような大活劇になるのに、まるでつまらない話にしてしまう人もいます。アリババには仕事はバリバリ頑張っているのに、口下手な人が多くいますね。王社長と私は、大した仕事をしていないのに、話をさせると聞く側はもっと聞きたくなるようなタイプです。

皆さんは物語を語ることを学ぶ必要があります。多くの人は話をするときに完璧を目指しすぎています。何かを話すときに一番大切なのは、聞く側に想像させることで、最後の最後になって主題が分かるようではつまらなく感じさせてしまいます。

実際、映画の筋書きは味気ないものが多いですし、実際に聞いた他のエンターテインメント企業の人の話は大して面白くなかったですね。話というものは、多少筋道がはっきりしなくても、ロジックが完璧でなかったとしても、話の主題が本物で、自分の言葉、自分の感じたことを話せば、聞けば聞くほど味のある話になるものです。

一番ダメなのは、型にはまった状態で、例えば演劇のようにセリフの一つ一つを完璧に再現しようとすることです。

人前で話をするときには、自分らしく話すように心がけてください。言い間違えたって構いません。誰でもやることです。ユーモアと自信を持って、自分はこの業界のことを誰よりも分かっているつもりで話せばいいのです。私も昔は自信がありませんでしたが、今はアリババのことなら客席にいる誰よりも分かっているという自負がありますから、アリババの話をするのなら自信を持って話すことができます。他のことには大して自信はありませんけどね。

そして、小さなエピソードを用意しておくといいでしょう。自分が感動して初めて誰かを感動させることができます。話をするときの内容や構成について学ぶことは大切です。

投資の原則は損をしないこと

一年ちょっと前に華誼の株主になり、今は役員にもなりました。最近は特に利益を出しているわけではないし、将来的に大儲けできそうだという感じもあまりしません。アリババやタオバオの方がよほど儲かっています。だったらなぜ役員にまでなったのか。自分の選択によって他人に影響を与え、社会に影響を与えたいからです。

私が今のこの自分になったのは、いったい何の影響を受けたからだろうと考えました。子どものころは映画やテレビの影響を強く受けました。華誼の役員として、もっと良い映画が中国で作られてほしいと願っています。もちろん利益を生む作品を作るつもりで作らなければなりません。しかし、利益のためだけに作られた映画では、興行的に失敗する結果となるでしょう。

最近、バフェットとソロスの映画を見ました。ソロスとバフェットは今世界で最も出色の投資家です。投資とはどのような理念の基で行われるのでしょうか。ほとんどの人は金儲けのために投資をすると考えると思いますが、バフェットとソロスの二人の観点は「投資の第一原則は損をしないこと」で一致しています。まったく反対の意見ですね。金儲けのためではなく、損をしない原則の基で投資をし、社会に影響を与える。だから、この二人は世界で最も優秀な投資家になったのです。そこで彼らに倣って、華誼に投資することにしたわけです。これが第一の理由。

第二の理由は、華誼でたくさんの新しいものを学ぶことができると考えたからです。一つの物語をいかにして他の物語に仕立て上げるのか。作り話だとは分かっていても、映画を見ながら涙を流し、家へ帰ってもその話でもちきりになるのはなぜか。

先ほど、王社長がした話をまともに信じてはいけません。実は私も最初はだまされてしまいました。企業家雑誌社主催の円卓会議に何度か参加した中で、大変印象深い回がありました。王社長が会議の席上で、自分は毎日二時間しか仕事をしない、十時に起きて、朝食をとってから出掛け、お茶を何杯か飲んだら家へ戻って、ちょっと遊んだら寝ると言うのです。それは世界で一番楽な仕事だと思いましたよ。一日二時間なんですから。それからずっと、これはすごいぞ、学ばなければいけないと思い続けていました。その後、華誼と縁があり現在に至って、王兄弟の、特に王社長の頭の中にはつかみ取った核心が詰まっていることに気づいたのです。

彼は頭の中でずっと考えています。私とおしゃべりするのも、他の誰かと雑談するのも、すべて目的があるのです。このグループに入ったら幾ら儲かるか、などということは考えていません。自分の影響力を広げ、多くを学ぶことで、彼自身も成長し続けているのです。

皆さんも感じていることと思いますが、王社長の話はアリババの一番大切なものと同じかもしれません。一つの企業が規模を拡大するときには制度が必要ですが、革新したいときには制度の束縛がきつすぎると何もできないことになります。アリババが一番革新的だったのは二〇〇〇年、二〇〇一年でした。創業から今に至るまで、管理を強めれば強めるほど革新はより後退するようになっています。まだ大した規模に成長していないときにそうなってしまったら悲惨です。

革新と管理のバランスをどうとっていくのかという問題について、皆さんと考えたいと思います。何が重要で、何を手放さなければいけないのか。例えばこのところ誰もが心配しているブランドの問題についてです。

エンターテインメント業界で心配なことは何でしょう。こうした業界は不透明で、持っていたお金が一瞬で消えてなくなってしまいそうだと思っていませんか。例えば、馮小剛（注21）に一千万ドルの予算の映画を撮らせることになったとして、その一千万をどう使っているかをいちいちチェックしていたら映画など撮れません。馮小剛をしっかりつかんでおけばいいのです。馮小剛というブランドを一番気にしているのが監督本人です。良い映画を撮ることができなければ、メンツ丸潰れだと感じることでしょう。陳凱歌（注22）や張芸謀（注23）と比べて馮小剛のほうがいいということであれば、それは彼が自分というブランドを大切にしているからでしょう。自分が大切にしているもののためには、きちんとした仕事ができるものです。

自分の部下が何を必要としているのか、何に関心を寄せているのかを理解しましょう。つらくなっているときにそれ以上追い詰める必要はありませんが、得意になりのぼせているときには注意が必要です。

（注21）中国で著名な映画監督。作品に「狙った恋の落とし方」「女帝」など
（注22）『さらば、わが愛／覇王別姫』を手がけた映画監督。カンヌ国際映画祭でパルムドールを受賞
（注23）映画監督、プロデューサー。北京オリンピックの開会式、閉幕式の演出を手掛けた

完全すぎる制度は、返って煩わしい

業界内においてアリババは大きな会社になり、影響力も増してきている今が一番危ない時です。三年以内に会社の存続の危機が訪れるでしょう。二〇〇五年にヤフーチャイナを買収してからというもの、あれもこれも成長していたかのように見えましたが、結果二〇〇六年は極めて悲惨な一年となりました。下半期には迅速に調整し、今の制度や戦略が整ってきましたが、次に来る波は相当強大でしょう。

まず、心理的な抵抗力を高め、危機の出現を防ぎましょう。災害を予測できる能力を高める必要があります。

今後、アリババの社員教育を進めるにあたって、自社内での学習、交流、分かち合いをやり続けるほかに、社外の方をもっとお招きしたいと考えています。王石（注24）、柳伝志（注25）、史玉柱といった方々をお招きしようと考えています。来月は彭蕾を団長にして蒙牛の訪問団を結成し、内蒙古へ勉強に行ってもらいます。蒙牛がこの数年、市場戦略でも企業としての体制面でも成功し、全国に牛乳を売りさばいているのは偶然ではありません。完璧な体制を整え、革新も行っているからです。スターバックスもこのような成果を上げています。学習しない組織は死へ向かっているのと同じです。

次回は史玉柱に来てもらいたいと思います。私自身は史玉柱にはほとほと感服しています。彼がテレビ番組「中国で勝つ」に出演したのは、私が強力に推したからです。中国で一番の富豪だった彼が何億元もの負債を抱え、多くの人から嘲られましたが再起を果たし、債務も完済しました。そして、今また中国で一番の富豪の座に返り咲いています。いったい何人の人がこんなことを実現できるでしょう。彼が民生銀行（中国の商業銀行の一つ）に投資した五億元は既に七十億元を超えるまでになり、『征途』（中国で人気のあるオンラインRPGゲーム）の三月の収入は一・六億元、利益は一・三億元、中国で最大のゲームとなりました。網易を盛大に打ち負かし、飛ぶ鳥を落とす勢いで成長しています。「脳白金」（注26）のことを悪く言う人は多いですが、これはもう史玉柱の手から離れています。

彼の戦略を立てる能力、顧客情報の分析力は学ぶべきところがあります。良い会社は、常にお客様の立場に立って考えています。王社長が言うには、彼が感動して初めてお客様が感動する映画と言えるのだそうです。史玉柱の仕事ぶりを聞いたことがありますか。昼まで寝て、食事をしたらすぐにゲーム。毎日二時、三時までゲームをしていて、彼のしている仕事と言えばゲームオンリー。自分でも「健康食品なんてやるんじゃなかった。やっぱりゲームがいい」と言っています。

彼が自分の顧客として体験する姿はすばらしい。すべての人、すべての仕事に学ぶべきものや自分を振り返るヒントがあります。今、アリババは革新しようとしています。七千人の組織に制度がなければ烏合の衆と化してしまいますが、その一方で何かをしようとするときに完全すぎる制度が邪魔をしてしまい、かえって革新を妨げることになるかもしれません。今のアメリカのヤフーは制度化され過ぎているように感じます。

アリババグループの各社がエンターテインメント化することができれば、社員は毎日楽しく仕事ができますし、革新し続けることができます。素晴らしいですね。人と文化はエンターテインメント化することができます。同じ事柄でも、楽観的に捉える人と悲観的に捉える人がいます。エンターテインメントを仕事にするなら、毎日楽しく過ごしたいところですが、多くのエンターテインメント会社はそうではありません。毎日眉間にしわを寄せて仕事をしている社員、悲観主義者のリーダーのいる会社では、成功のしようがありません。

華誼の年間利益の額はアリババの数日分でしかありません。売り上げ十億から二十億ドルの会社ですが、パーティーを開けば美女がわんさかやってくるのには参りました。

（注24）中国の著名な企業家。不動産デベロッパー大手万科の創始者。冒険家としても有名

（注25）中国の著名な企業家。コンピューター大手レノボの総裁

（注26）史玉柱が売り出した健康食品。中高年の脳の老化防止に効果があるとされている

複雑に絡み合った関係とは無縁なビジネス

さて、話を本筋に戻しましょう。今回のこの教育の場に私は大きな期待を寄せています。将来どのような会社にしていくのか、私たちは常に再認識していく必要があります。はっきりしている共通の目標は百二年続けるということ。近いところでは、十年以内に世界三大インターネット企業のうちの一社になるということがあります。実際問題、十年もかからないでしょう、五年で十分です。

他の業界の顧客が固定化している中、インターネットの顧客には大きな可能性があります。十年前にチャイナモバイル（注27）が、世界最大の携帯電話事業者になるなどと予想した人はいなかったでしょう。二〇〇〇年に中国国家情報産業部が一つの報告をまとめました。六人のアナリストに依頼して二〇〇五年に中国における携帯電話の普及台数を予測

させました。一番大胆だったのは六千万台を突破するという数字で、情報産業部はこの報告をゴミ箱に投げ入れました。六千万になるわけがないと考えたのです。ところが、実際二〇〇七年の今、三億六千万台が普及しています。一つの業界がこのように劇的な変化をすると誰が想像できたでしょう。インターネットの利用者が二億人を超えたら、それから先の効果は大いに期待できます。

インターネットユーザーが二億人を超えるときには、都市人口の四〇から五〇％の人がブロードバンドにアクセスできるようになっていて、この市場の期が熟すでしょう。

電話と同じです。一つの都市に二百本の電話しかなかったら、それ以上増えていくことはないでしょうが、杭州市に三十万戸ある中で二十万戸に電話が引かれたら、残りの十万戸も無関係ではいられません。

インターネットの世界は大きく分けて二つの陣営に分かれます。一つはエンターテインメント、もう一つはビジネスです。創業初日からアリババはビジネスに照準を定め、エンターテインメント業界には足を突っ込まずにきましたが、ビジネスにもエンターテインメント化は必要です。

ビジネスにおいて、アリババは良い位置につけていると思いますし、陣営のメンバーもなかなかのものです。しかし、今後十年以内に中国のエンターテインメント企業が世界一になるのは、かなり難しそうです。華誼が十億ドルという話をしましたが、タイムワーナー社は八百億ドルです。エンターテインメント業界は比較的センシティブなところがあります。

世界のインターネット企業三強の仲間入りをするということは、当然世界のトップ企業五〇〇社にも名を連ねることになります。それはどのような立ち位置なのでしょうか。今の中国では、ほとんどの会社が金儲けと新しい事業に取り組んでいるものの、外国人はわれわれを尊重しているのでしょうか。世界が認めるビジネスの経営管理に関する経典の中には、日本の成功モデルがあり、ヨーロッパの成功モデルがある中で、中国のどこかの会社が世界レベルの経営をしているという話を聞いたことがありません。将来、アリババが世界のビジネス書の目次に掲載されることを願っています。

私たちは一銭の借入金もないまま現在に至ります。初日から複雑に絡み合った関係とは無関係の透明性があり、秩序だったビジネスを行ってきました。知恵を使い、努力を通じて利益を生み出してきました。アリババが世界に打って出ることができて、初めて中国の会社は世界に本当に認められることになるのです。チャイナモバイル、チャイナテレコム、中国石油などは業界を独占している企業です。アリババも自分の領域でスーパーナンバーワンになることができたら、特例として扱われることになるでしょう。

（注27）中国移動。中国最大の携帯電話事業者。利用者が五億人を超えて世界最大となった

スターバックスが売っているのはライフスタイル

この業界で本当に百二年続けていくとしたら、人類社会に影響を与えるビジネスでなくてはいけません。利益を上げている会社はたくさんありますが、人類の生活に影響を与えることができる会社だけが偉大な会社と呼ばれることができます。例えば私たちの生活を変えたマイクロソフトはその一つです。スターバックスが売っているのはコーヒーではなく、ライフスタイルです。

アリババはインターネット企業ではなく、サービス型の会社です。私たちは人類社会へどんな影響を与えることができるでしょうか。中国には多くの一流企業があると言うのに、民間企業に限って言えば20年続いている会社は少なく、続いているとしても青息吐息だったり、形ばかりになっていたりで、何社も名前が挙がってきません。

レノボ（中国のＰＣメーカー）、ハイアール（中国の家電メーカー）、ＴＣＬ（中国広東

省の電気機器メーカー）は皆一流の会社ですが、どうも年をとってしまい、勢いがないように感じている人は私だけではないと思います。その理由は社会への貢献不足にあるのか、それとも制度に問題があるのか。

アリババは百二年続けると宣言し、使命感、価値観を打ち出しているのですから、一歩一歩確かに歩み続けなければなりません。言うこととやることが違う人は嫌われます。社員もお客様も、社会も投資者も、この会社がまっとうな商売をしているか、うそはないかを見抜いてしまうでしょう。

人類社会へ貢献し、アリババの経営管理、個性的なスタイルが世界の経営学の専門書に載る日が訪れてほしいです。中国の会社が一つくらい掲載されてほしいですね。

ここまでお話をしてきましたが、一つ質問があります。アリババは何に影響を受けているのでしょう。今の自分の仕事にとって一番大事なものは何でしょう。お客様の成長なくして会社の成長なし。社員の成長なくして会社の成長なし。お客様と社員が成長して初めて会社は成長できます。思い起こせば、アリババの成長が著しかったのは二〇〇一年から二〇〇三年でした。当時はインターネットの冬の時代で、多くの時間を割いて他社について学び、管理とは何かについて学んでいた時期です。その後インターネットに陽が当たってきた時に、私たちの管理運営の能力はかなり成長していました。確かに大変疲れた二年ではありましたが。

もともとはB2Bに特化していたビジネスが、現在は五社になり、役員たちは各社へ散りました。もちろんここ数年は市場に追われて走っていることも事実です。私、馬雲が成長しなければ、皆さんの成長を望むべくもありません。幹部社員の成長に期待しています。

プロフェッショナルマネージャーとリーダーの違いは何か

ここに集まっているのは、一つは学習のため、もう一つは交流するためです。多くの社員の顔と名前が一致しないことを申し訳なく思っています。ここにいる皆さんは、お互いによく知り合い、自分と相手の強みをよく理解してください。この「学校」の目的は、学習、交流、理解、そして友を得ることです。

私は特に皆さんとの交流に力を入れたいと考えています。人、制度、文化に力を入れていきます。会社を百二年続けていく中で、王社長のような悠々自適の日が訪れるかどうかは分かりませんが、その前に五社のCEOたちが経営方面で協力を惜しまずにいてくれることに感謝したいと思います。

この二年をかけて、李琪、彭蕾、ジョーらが素晴らしい全体的な枠組みを作り上げてくれました。多くの新人を招き入れましたが、アリババはプロのマネージャー（注28）など必要ありません。必要なのは発展していくためのリーダーです。

創業してからまだ八年、次の世紀まで、さらに九十四年の道のりが続きます。よく結婚して七年も経つと、浮気の虫が騒ぎ出すといわれますが、企業も同じで創業十年ともなれば、多少の紆余曲折があってこそ成長できるというものです。日々の訓練、不断の努力があれば、この壁を乗り越えることができるでしょう。これから数年は運気が良いので、他社との交流や文化面にもっと多くの時間を割いて、起こりうる災難に備えましょう。十年目から十三年目はタフな時期でしょう。その後も十六、十七年目、二十年目あたりも災難が出現する頃合いです。

災難に遭ったときに果敢に挑むのがリーダーで、「マネージャー」は逃げ惑うだけです。マネージャーとリーダーの違いは何か、例え話をしましょう。マネージャーはパリッとしたスーツを身に着け、英語はペラペラ、弁が立ちます。彼らを正規軍の軍人に例えましょう。制服を着て支給された銃を持っています。アリババの求めるリーダーは農村から発生したゲリラ軍（注29）です。山へ虎退治に行ったら猪が出現しました。軍人は銃を構えて一発で仕留めようとします。職業軍人ですから腕はいいはずですが、弾は命中せず。怒った猪が飛びかかって来ようとすると、銃を捨てて逃げ出してしまいました。一方、元は農民のゲリラ軍はナイフで果敢に猪へと切りかかり、見事仕留めることができました。これが違いです。

リーダーは重責を担い、各種の挑戦に直面することを厭いません。逆境に置かれてこそ発揮されるのがリーダーシップです。自分で言うのもなんですが、SARSの時に私が発揮したリーダーシップはなかなかのものでした。純粋に本能で行った判断ですが、会社全体が感動しました。広州へ行って良かった。当時、SARSが蔓延した広州へ人を派遣するなどもってのほかと言われましたが、雑音には耳を貸さず、災難に遭ったときにはやるべきことをやるだけです。

アリババはその辺の会社と小さなことで争ったりはしません。今の中国ではインターネット企業がつば競り合いを繰り広げていますが、私たちは国内での戦略だけでなく、イーベイやヤフー、アマゾン、そして日本の変化にも目を配る必要があります。

九十四年後を見据えて勝ち取るべきは、世界三強の地位、そして人類の生活に影響を与えることであり、小さな勝ち負けにはこだわりません。ここ数日新聞でたたかれたからといって、もう過ぎたことですから気にしません。ニュースは次々起こっているのですから。

孫正義氏はあのソフトバンクを作りました。スティーブ・ジョブス氏は夢を実現しようとしてアップルをクビになり、また戻ってきました。アリババは彼ら二人、二社と比べたらまだまだです。ここにいる皆さんは、前にいた会社では出色の仕事をしてきたことでしょう。しかし、世界一流の企業と比べたら、その創立者やＣＥＯと比べたら、歩むべき道はまだまだ遠く険しいと言えるでしょう。

（注28）職業経理人。ＭＢＡを取得するなど西側の企業管理を学んだ高学歴高収入な経営管理のプロ

（注29）アリババを人民解放軍の前身である八路軍に例えている

魅力のある会社は動物園と似ている

アリババを百二年続けていくために必要なのは度量です。眼力と度量があってこそ大きくなれます。多くの幹部社員は仕事ぶりこそ立派ですが、度量に関してはまだ子ども並みですね。度量とは、すべてを受け入れることです。気が合う人とは一緒にいたいけれど、自分と違う人は受け入れられないと言う人もいます。

実際問題、人の性格はそれぞれ違うと思いますが、アリババの社員の性格には確かにあ

る種の傾向は見られます。魅力のある会社は、動物園に似ています。動物園にはさまざまな種類の動物がいるから楽しいのであって、全部が羊だったらそこは牧場です。アリババがさまざまな業界業種から優秀な人材を集め、さまざまな性格の人が集まっているのは、会社を盛り上げていくためです。

上司を嫌っている暇はありません。多くの上司に仕えて、慣れることが良い上司になる第一歩です。親を交換できないように、残念なことに上司を取り換えることは難しいですね。取り換えられるなら、とっくの昔に取り換えているのですが、それは無理というものです。良いリーダーになろうと思ったら、会社の立場で考えてみるのも一手です。アリババに必要なのは優秀な人材です。優秀なエンジニア、優秀なマネージャー、そしてスポーツのチャンピオンも必要です。

負けられない。これはスポーツとビジネスの共通項です。負けたくなくて勝ち続け、最後に上り詰めるのが世界チャンピオンです。チャンピオンはおしなべて聡明です。パンチの強さだけに頼るのではなく、細かいディテールに細心の注意を払います。さまざまな業種業界のトップを集結して、能力を発揮していくことができれば、アリババもトップになることができるでしょう。

走っている人のフォームは誰も似たようなものに見えますが、少しの違いで順位が変わります。社員が良い習慣や高い仕事の質を企業に持ち込むことで、会社の今後の動向も変わっていくでしょう。

お客様の立場での経験を加えるだけでも、変化を起こすことができます。この二年のアリババの動きは他の会社と何か違いがあるのでしょうか。あるとすれば、商品を販売するにあたって販売体系から考えるようになったことです。しかし、集中して考えていなかった部分もあり、参考書に頼っていました。

一番大きな失敗は本に書かれた「迷信」を信じてしまったことです。買い集めた本を参考に、人材を尊重し、なるべく解雇せずにいたのは間違いでした。しかし、人は失敗して初めて自分が間違っていることが分かるものです。皆さんも、この教育プログラムに参加しただけで成長したと思わないように。学んだことを実践するかどうかが重要です。李琪から聞いた話がとても面白かったですね。多くの人は間違った認識をしていて、他人は間違ったとしても自分は絶対に間違わないと信じ込み、結果的に自分も間違いを犯してしまいます。

これから革新するにあたって重要なのは、私たちが間違いを恐れないことです。こうでなければいけないとは考えずに、大胆にB2B、C2Cに挑戦していきましょう。さまざまな人材を受け入れて脇を固め、予定調和の望めない未来へと向かっていきましょう。

人一人を雇うのは大変なことです。このところ彭蕾と私と他数人とで毎日取り組んでいるのは採用の仕事です。グーグルが自分たちをエリート集団だと言うのであれば、平凡な人たちが平凡ではないことを成し遂げるのがアリババの文化です。

アリババにとってリーダーとは人の道理が分かり、私たちの価値観、つまりアリババを常に守ってくれる人です。たとえ死んだとしてもやり遂げる、明日会社が潰れるとしても価値観を守り通すことができれば、一歩前へ進むことができるかもしれません。

多くの戦争は中隊長がきっかけ

部隊の規模が大きくなる中で足並みを完全にそろえるのは不可能です。戦争映画を見ると、戦況は非常にはっきりしていますが、実際の戦争はそんなものではありません。混乱した状況の下、よく分からないまま連隊長あたりが「いいからやっちまえ！」と始めることになってしまうのでしょう。

歴史を詳細にひもとくと、多くの戦争は肝心なところで連隊長や師団長がきっかけを作っています。この連隊長はそういう運勢を持っているわけです。

風水を信じますか。私は信じます。朝起きて窓を開いたら正面に火葬場がある、そういう家の運気はどうでしょう。家の前を流れる川の向こう岸に化学工場があったら、その家に住みたいと思いますか。湖畔花園は運気の良い場所です。なんといってもアリババ、タオバオ、アリペイが誕生した場所ですからね。運気が良いのはありがたいことですが、大切なのはそれに甘んじることなく努力し、眼力を鍛え、度量を広く持ち、実力を蓄えることです。どんなに殴られても立ち上がって戦い、また倒れてもまた立ち上がれば最後には必ず勝ちます。

勝つためには負けを知る人から学ぶべきです。結婚して二十年間一度もケンカしたことのないような夫婦などいないでしょう。生まれてこのかた一度も病気になったことのない人は、病気になった途端に死んでしまうかもしれません。失敗のない経営もあり得ません。ですから、上司ともめた、同僚と口論になったとしても気落ちしないでください。毎日ケンカをしていたらそのうち慣れます。私と孫彤宇は何度ケンカしたか分かりません。李琪とは今こそ少なくなってきましたが、きっかけがあればまた口論になることでしょう。多少のもめ事があるのは、会社が健全な証拠です。

ジョーとは電話で夜中の十二時から三時半までケンカをしたことがあります。受話器を床にたたきつけて、拾い上げてまた再開、なんてことが何カ月か前にありました。自分のためではなく、会社のためにケンカしているのですから、健康的なケンカです。

生き残った者がブランドになる

いわゆる実力とは、栄誉を前にしてNOと言えること、災難を前にして気にせずにいられること、嫌いな人を前にしてハッピーでいられることです。一番大切なのはNOの言い方を学ぶことです。皆さん言ってみてください。「NO！」と。

人が聡明かどうかは天性のもので、親がたたいたからといって頭が良くなるわけではありません。

多くの人から馬雲はすごい、仕事ができると言われますが、実を言えば多くのことが分かっていません。タオバオのサイトを見ても、トップページから複雑で、どうやって管理しているんだろうと思うほどです。技術畑出身の衛哲がマーケティング部門と話をしても大半は理解できないでしょう。昨日の報道に関しても、どうも意味がよく分かりませんでしたが、一応頷いておきました。

この三、四年、多くの変革を行ってきました。困難なときほど前へ進みましょう。大変なのは皆同じです。少しずつでも前へ進めば、必ず道は開けます。苦しくてたまらない時にもう一歩を踏み出せるかどうかが、チャンピオンになれるかどうかの境目です。自分を信じて、百二年を歩き通しましょう。長いケンカをしましょう。

もし、今年の計画が失敗に終わり、来年の計画も失敗したとしても、私たちが百二年間戦い続けることに変わりはありません。アリババ軍団の隊員全員が信じることができれば、必ずや世界三強の一員となることができるでしょう。一昨日冗談で言った話が冗談では済まなくなってきました。あの時わざとこう言ったのです。「アメリカのヤフーを買収するぞ」。できるかもしれないと思いませんか。あのころは日本企業を買収できるとは想像もしませんでしたが、今世界が変わったのです。

ブランドとは何か。他がみんな死に絶えて生き残った者がブランドになります。簡単な道理です。

百二年続けていくのであれば、アリババは十年、二十年、三十年と働き続ける社員が必要です。インターネット企業で働く人は四年で転職する傾向にあるため、多くの企業は続かなくなってしまいました。

彭蕾と話したのですが、アリババ創立十周年の時には盛大なパーティーを開き、勤続十年の社員にはレッドカーペットを歩いてもらいます。男性社員は美女が、女性社員はハンサムな男性がエスコートします。インターネット業界で、同じ会社で十年働く社員は少数です。私たちは十年、二十年、三十年と一緒にやっていきましょう。

他の人が何と言っても、どんな目で見られたとしても構いません。自分はナンバーワンだと信じて百二年やっていきましょう。ナンバーワンだと自信を持ち、繰り返し、伝えましょう。自分はナンバーワンだと十人に言い続け、百回繰り返したら、その時は本当にナンバーワンになれます。

自分自身に言いましょう、同僚と言いましょう、そして信頼できる人に言いましょう。私たちは世界三強に入ります。これが私たちの力です。そして良い制度とシステムを繰り上げ、革新を進めます。

アリババ基本法

今年は時間を捻出してアリババ基本法を作り出したいと思います。アメリカの歴史において最も偉大な史実は憲法の発布です。ワシントンは大統領を皇帝にはしたくないと考え、憲法を制定することにしたのです。現任のCEOとして皆さんと一緒に、次の代まで伝えていけるような優秀な体制を創造したいと考えています。頭が冷静ではっきりしている時に一緒に作りましょう。

天下を取ることと世の中に広めることとは違います。今のアリババは昔のアリババとは全く違う会社になりました。これからも学び続け、優秀な人材を採用し、将来ここにもっと大勢の人が参加できるように、下を向くことなく、十年、二十年、三十年、次の代へ手渡すまで頑張り続けましょう。

多くの時間を使ってアリババの文化を作っていきたいと思います。その文化とは企業を発展させるＤＮＡのことで、人が亡くなり、制度が改変されたとしても、企業文化はずっと伝えられていくでしょう。企業の文化は精神です。皆さんが信じているものです。今日も話し、明日も話し、毎月毎年語り続けていけば、この文化は決してなくなることはないでしょう。創業当時、私は毎日毎日語ってみんなをうんざりさせましたが、ＤＮＡにしっかりと刻み込むことができ、この文化は花開きました。

もちろん、文化には怖い一面もあります。いったん形成されると変えるのが難しくなるところです。そこで「継続的変化」を加えました。変化に適応するのは難しいことですから、継続的変化ができるということはある境地に達していると言えるでしょう。

誰かと話をしているときに、相手の意見を受け入れるのは難しいものです。相手には受け入れてほしいが、自分は受け入れたくない。自分を変化させることは難しいのです。だから継続的変化はある種の境地だと言えるのです。人材管理、会社の制度の構築、企業文化、社員教育、昇進などどれをとっても変化をしなくてよいものはなく、継続的に変化し続けなければ会社は成長し続けることはできません。もしもアリババの変化についていけなくなる日が来たとしても、これまでの努力を考えれば胸を張って辞めることができます。

そこに座って、どうでもいいような態度を取っている人をみると、私は恐ろしくなります。お金が貯まったら辞めるつもりなのかもしれません。ここにいる幹部社員が良い仕事をしなければ、部下に良い仕事をさせることなどできません。逆もまたしかり、です。

こんな風に皆さんと交流できたことに感謝します。これからは頻繁に交流したいですね。さまざまな会議を開き、いろいろな交流をしたいと思います。王社長のような非常に伝統的な業界の方との交流だけでなく、もっといろいろやりたいと思います。

新しい人が次々と入ってきていますが、新人はあなたとは違います。アリババ人っぽくないのは仕方ありません。だんだんそれらしくなってきます。同じ価値観を共有するには時間がかかります。

私の頭の中にはたくさんの不健康なものが詰まっています。これは、アリババ最大の財産かもしれないし、会社の文化の真髄かもしれません。もちろん健康的なものも詰まっていますよ。健康的なものも毒素も、これだけ詰まっている頭を持っている人はそういないでしょう。

アリババで七年、八年と働いている古参社員の皆さん、ありがとう。私は古風で頑固な人間ですが、少しは変化していますし、皆さんもずいぶん慣れてくれましたね。新しい部下にも慣れてください。そうすれば彼らも会社に慣れてくれることでしょう。みんなで一緒に三世紀にまたがる会社にしていきましょう。

最後に一つ。馬雲のために仕事をしないでください。仕事はボスのためにするものではありません。ボスを喜ばせるのではなく、部下を、お客様を、市場を喜ばせてください。

もう一つ。アリババはエンターテインメントの会社ではありませんが、エンターテインメント的な競争をしてきたいですね。未来の競争は非常に過酷で激烈なものとなるでしょう。油断すれば、あっという間に蹴落とされてしまいます。そのときも私たちは勝ち抜くために前進し続けます。

Be the best!　ありがとう、皆さん。

Trade center 产品 2001
E-Solution
Webhosting 服务 2001
My Trade Activity 2001
搜索排序规则调整 2002.1
日供 2002.1
阿里巴巴邮件服务：xxx@alibaba.com的邮箱 2000
网上有名 2001.6

第七章——〇・一%のチャンスをつかんだ者だけが勝つ

サブプライムローン問題に端を発した世界不況だが、どんな状況下であっても、布石を打つことで困難は乗り越えられると社員を励ます馬雲氏。ピンチをチャンスに切り替えることができるものだけが生き残れると熱く語った。

■二〇〇七年七月二十九日

「五年ビンテージ」社員との交流時の講話

二〇〇八年はインターネットの世界に大事件が次々と起こった年だった。年明け早々にマイクロソフトはアリババの株主であるヤフーの買収を試みたものの、楊致遠（ジェリー・ヤン）に拒否されている。

この船上でがんばるべし

皆さん、ありがとう。今日はアリババの一番の古参社員の皆さんと交流します。昨日の会議に参加した人も大勢いますので、話題によってはスムーズに伝わりそうですね。現在、アリババには七千人の社員がいますが、ここにいるのは三百人だけ。さあ扉を閉めて、よく話し合いましょう。

昨夜、家に帰ってから資料を読んだ人も多いと思います。どのくらいの人が内容を理解できたか、本当に分かったとしたら、なかなかの能力の持ち主ということになるでしょう。人によっては試算が上回ったり、下回ったりしているかもしれませんが、それはよくあることです。

アリババ設立後八年間共に奮闘してきた皆さんと、成功を分かち合いたいと考えています。これから伸びていくであろうタオバオ、アリペイ、ヤフーチャイナ、アリソフトも控えていますから、一歩一歩進んできましょう。

会社の董事会（役員会）や株主からは同意を取り付けていませんが、どんなに前に進むのがつらく困難であったとしても、前進し続けていることは確かです。同意を得られない主な原因は、彼らがアリババにはもっと価値があり、今の評価は低すぎると感じていることにあります。株主は一銭も売らないと言ってきています。これはアリババに対する叱咤激励だと言えます。しかし、社員、管理職、顧客が同じ側に立てば、将来起こるであろう資本市場全体の打撃に耐えられると信じています。

皆さんご存じのとおり、資本市場は非常に残酷です。どんなことが起こっても、上場しようとしまいと、アリババの使命感は変わりません。アリババは永遠に顧客第一、社員第二、株主第三の原則を変えません。この三大原則を変えることがなければ、株式市場にどんな問題が起ころうと私たちはやっていけます。株式市場が大暴落を起こしたり、株価が急激に下がったりすることで右往左往することはありません。こんな理由で方針を変えることなどありえません。それは、私たちアリババの社員自身が株主だからです。

忘れないでください。お客様の支持がなければ、私たちは今日までやってくることはできませんでした。今後もお客様の支持がなければ、市場でも続けていくことはできないでしょう。アリババの株を買う人たちのほとんどは短期的な株主です。今日少し株を買ったけれど、株価が少し下がり形勢不利となれば売り抜けてしまうような人たちです。私たちは逃げ出すことはできません。この船の上でがんばるしかないのです。ずっとお客様の言葉に、社員の言葉に、株主の言葉に耳を傾けていきましょう。しかし、一番大切なのは、何よりも優先すべき言葉は「顧客第一」なのです。

自分を聡明だと思わない人が残った

上場後、社員の意識がどのように変化するのか、心配しています。そこで、すべての古参社員、特に「五年ビンテージ」以上の社員と意見交換しようと思いました。

孫正義氏から聞いた本当にあったお話です。ソフトバンクが創業したばかりのころ、ある女子社員がソフトバンクの株式を少しばかり支給されました。その子は「これっぽっちの株なんかもらっても、何にもならない。給料を上げてくれたほうがよっぽどうれしい」

と言ったそうです。すべての会社に言えることですが、創業当初は現金が足りません。アリババが創業したころも同じでした。安月給から始まり、タオバオを始めてもまだ安月給、アリペイでも安月給、ヤフーの時は少し違いましたね。当時の孫正義氏も給与は低く抑えたかったのです。

その子は少しばかりの株を手にしても、大したことはないと感じていました。一年経ち、二年なろうというころソフトバンクが上場したため、「少しばかりの株式」は百万ドル以上の価値となり、最終的には二百万ドル近くまで値を上げました。彼女は少しでしたが、もっともらった人もいるでしょう。みんなが百万ドルを超える株主となり、数千万ドルの大富豪となった人もいました。女子社員たちは「ラッキー！」とばかりに、結婚したり、会社を辞めたり、マンションを買ったりして、誰一人会社やチームに本当に感謝することはありませんでした。ソフトバンクの幹部社員は大きなショックを受けました。一緒に辞めていった社員が会社を興し、古巣の商売敵になっていったのです。

ソフトバンクに残った人たちは大変なショックを受け、株価も下がり、会社全体としても打撃を受けました。しかし、辞めていった人たちの中で成功した人は、結局今のところ一人もいません。会社に残った人たちは生き残ったと言えるでしょう。株価は今も堅調です。

この八年、いや、この五年来と言ってもいいでしょう、「他に行くところもないから、アリババにいればいいや」と思っている人もいるかもしれません。八〇％とは言いませんが、四〇％くらいの人は仕事があるだけましで、この会社でなんとかやっていけそうだからというだけの理由でぼんやりと仕事をしているのでしょう。自分のことを仕事ができるからもっと高い待遇を与えられるべきだと考えていた人たちは、みんな辞めていきました。高い給料がもらえるとばかり思っている人、他の会社でもっと高い役職や多くの持ち株を得た人も去っていきました。そういう人たちは、自分のことを頭がいいと思っているのです。そして、自分を聡明だと思わない人間がアリババに残りました。

今回は少々おいしい思いをしましたが、「五年ビンテージ」の皆さん、私たちは少し運が良かっただけです。ここにいる人で、持ち株数が一番少ない人はどれくらいですか。一万株ない人はいますか。二万株では。大金持ちになれるのは、アリババで五年働いたからですか。この五年の間、会社がこの馬雲を粗末に扱わなかったと同様に、社員の皆さんにも悪いようにはしなかったはずです。中国には、いや杭州にだって私たちより勤勉な人は山ほどいます。私たちより頭のいい人は、もっと大勢います。では、どうして私たちは良い目を見ることができたのでしょう。

もしアリババの人間が自分たちのことを能力があって仕事ができると思っているようであれば、それは大間違いです。この時代に感謝しましょう。本当にこの時代に感謝しなければいけません。中国に感謝。インターネットに感謝。電子商取引に感謝。もちろん社員のみなさんにも感謝しています。本当にありがとう。これまでがんばり続け、会社を信頼し、お互いに信頼し合い、管理職も社員を信頼してきました。その結果、ようやく今、果実を収穫できるようになったのです。

五年後、ここにいる人のうちどのくらいアリババに残っているでしょうか。十五年後、何人がこの会社でがんばり続けているでしょうか。二十年物、三十年物、四十年物のビンテージ社員が出てほしいものです。どうなるかは、分かりませんが。

布石を打っておけば負け込むことはない

昨日、株には三種類あると言いました。一つ目の株は売ったり買ったりの短期保有型。今日は科学技術、明日は科学工業、明後日は貿易といった調子です。こんなふうに取引されたら、もう何が何だか分からなくなるでしょう。

観察していると、このような取引を何度もされた会社は、従業員だけでなく管理職も浮き足立ってしまいます。株価は上がったり下がったりを繰り返し、下げ止まった時には株主は会社を信じることができなくなってしまいます。

アリババが上場した時の株価はそれほど高くなく、そんなに値上がりするとも思っていませんでした。もし最初から高値が付き、株主が十元で買った株が、実は会社の価値も一株十元程度だったとしたら株主は売却益を得ることができず、アリババ株への興味を失うかもしれません。自分がもし八元の価値があるとしたら五元で売り出して、株主を儲けさせていい会社だと思わせるから、株価が下がったらまた買おうと思うようになる。株を買ったことはありますか。株をやる人は基本的にこんな感じです。アリババ株にずっと関心を持ってもらうために、株主を儲けさせなければなりません。

大金持ちの李嘉誠（注30）は、多くの人と富を分け合っています。会社も同じ。未来の株主のために稼がなければなりません。株価が急上昇すると管理職や創業時からの社員が全員舞い上がってしまい、今度は大暴落でがっかり、なんていうことを何度も繰り返すと会社はだめになってしまいます。

二種類目は中長期的な投資のための株です。長期的な配当が五％から七％、よければ一〇％。これは業種、会社の置かれている競争環境によります。子どもや孫に残してもいい株もありますね。友人の一人がバフェット基金の持ち株会に入りました。あの男性はすごい人ですね。十五年前にお父さんから誕生日プレゼントとして一株百ドルの株式を十株もらった。それが今は二億八千万ドル。子どもや孫が幸せに暮らせるように残したいとその二億八千万ドルを基金にしたのですから、大したものです。

囲碁をする人は分かると思いますが、布石を打たなければ戦いの布陣はめちゃくちゃになってしまいます。布石を打っておけば、負けるとしてもそれほどひどいことにはなりません。インターネットは、三十年は世の中への影響力があるでしょう。B2BからB2Cへ、ポータルサイト、検索エンジンへ、さらにはソフトへとわれわれはほぼ網羅してきました。

開業当初を振り返ると、十八人が湖畔ガーデン（注31）で契約を交わしましたが、浮き足立っている者などいませんでした。たった五十万元を元手に、今後どうなるかも分かりませんでした。そして、私はこう言いました。「契約書は奥さんに渡すか、引き出しに突っ込んで鍵をかけて、忘れてしまえ」と。インターネットの会社を始めるのであれば、自分で株式会社を作らなければなりません。どの会社もこんな風でしょう。〇・一％のチャンスをつかんだ者だけが遠くまで行けるのです。

（注30）香港長江実業グループ創始者。著名な大富豪
（注31）創業当初の馬雲の自宅マンション。アリババ創業の地である

成り金にならないで

あのころはよくこう言っていました。「私が気にかけているのは、みんながハッピーかどうか、仕事場の雰囲気や今日やっていることが楽しいかどうかだ」。毎日努力したことで給料やボーナスをもらうのは気分がいいことだとは思いませんか。もしそう思うのならば、持ち株を少しだけ売って、車一台、家一軒を買ってもいいでしょう。他は忘れて、子どもや孫に残しましょう。皆さんも年をとったら、こうすることの良さを実感できることでしょう。

「五年ビンテージ」社員が成り金のように札束を撫でまわしたい心持ちになっていくのを見たくはありません。多くの成り金は百万元の札束を毎日撫でさすっているそうです。中国で先に富を得た人々（注32）のうち今も金持ちの人など幾人もいないでしょう。最初にオートバイを乗り回していた人のうち、今もブイブイ言わせている人などいないも同然。成り金の心持ちでは、長く続けていくことはできません。

もし年収三百万、四百万、二、三千万あったら、どこへ投資しますか。中国の会社で業績、業種、チームの情熱、どれをとってもアリババ以上の会社がありますか。組織、価値観、使命感から見て、アリババと同レベルの会社を見つけられるでしょうか。数少ないでしょう。その数百万元を他の会社の株に投資したとしたら悲惨です。コントロール不能ですからね。自社株こそが良い株、アリババ株が最高です。それはアリババのコントロール権はこの部屋にいる皆さんの手の中にあるからです。皆さんは他の数千人の社員に対して大きな影響力があることを忘れないでください。

アリババの十八人の創始者が、三年前、五年前に株を孫正義氏へ売ったとしたら、他の株主へ売却したとしたら、もうリタイアして悠々自適の暮らしをしているでしょう。そういうことをする人を創始者だと感じられますか。彼らはどの社員よりも努力しています。この努力に皆さんが影響され、さらに新しい社員に影響を与えてきたことで、みんなが会社に対して自信を持てるようになったのです。

他の会社に投資して、自滅していく株成り金の轍を踏むのはやめましょう。私が投資するのであれば、全世界すべての会社の中でアリババを選びます。アリババの未来は私たちの手の中にあるのです。他の会社は株価をつり上げることを考えているので、上げ幅も大きいけれど下げ幅も大きいのです。私は株式市場の専門家ではありませんが、ここにいる皆さんよりは少しは分かっているつもりです。

(注32) 鄧小平の有名な言葉

大多数の会社よりも空気はきれい

もう一度言いますが、皆さんの中の誰かとさよならを言いたくないのです。「君たちはがんばりたまえ。私は楽しみますよ」なんてことを言って富を享受しようとする人のうち成功する人は〇・一％もいないでしょう。アリババは一つのチームで、皆さんはその一員です。チームがなければ、できることも限られます。よそでアリババのようなチームを見つけるのは至難の業でしょう。

最近一通の手紙を受け取りました。アリババを辞めて競合他社へ転職した人からです。すごくいいインターネットの会社だと思って入社したのに、入ってみたら中は秩序もなくドロドロ。アリババが懐かしい、タオバオが恋しい。もう一度戻ることはできませんか、と。

無理でしょう。競合他社へ移籍するような人は、アリババは御免こうむります。

考えてもみてください。同業他社へ転職したものの形勢不利と見てアリババへ舞い戻ってくるとしたら、これはどういう意味でしょう。向こうの業績の方が良ければ、帰って来ようなんて考えないはずです。

独立するにしても、同業他社からスカウトされるにしても、きっと周りの期待は高いでしょう。アリババ出身者への期待値は相当高いはず。でも、皆さんご存じの通り、業績はチーム全体で作り上げたものです。本当にスカウトしたいなら、私も一緒にスカウトしてもらわないと。

一人、二人引き抜かれても、多少の問題はあるでしょうが大勢に影響はありません。李琪であれ、蔡崇信（アリババグループCFO）であれ、チーム全体の団結はアリババの歴史を通して培ってきたものなのです。一人一人が一本のネジのように強固にアリババと結びついています。パッチワークのようにつながっています。引き抜こうとしても無駄です。

毎日仕事は大変だし、上司に叱られてむかつくなぁ。よその方が給料は多いだろう、自分は運がないなどと思っているのは、他人の亭主や女房がよく見えるのと同じです。

アリババで五年を過ごし、急に組織内で互いに騙し合っているように感じたり、制約や規律がないとがっかりしたりしているからでしょうか。この会社の中にいて空気がよどんでいると感じているかもしれませんが、アリババの空気は大多数の会社の空気よりもきれいです。これを大切にして、一緒に仕事をし、環境を整えましょう。百年以上発展し続けようとしているのですから。

親戚の一人が八年前に、十万元あったら愛人を囲うと言ったことがあります。こういう気概の持ち主は、永遠に愛人を囲うなんて無理でしょう。七十年代、八十年代に年収一万元を超えるなんて、相当なお金持ちでした。私が八十八年、八十九年にもらっていた月給はたったの八十九元でした。

多くの人が私を大金持ちだと思っています。皆さんの親戚、友人、両親、義理の両親、従兄弟たちから見て、皆さんはお金持ちでしょう。でも今の持ち分では一生楽しく暮らし、子どもや孫の将来に備えるには十分ではありません。最初に豊かになった人たち、万元戸、バイクを買った人、みんな結果として消えてきました。私たちは富豪にはまだほど遠いのです。金持ちになったと思った時には、実は下り坂に差し掛かった時なのかもしれません。

中国には少なく見積もっても六十万社の輸出入をしている会社があり、アリババが手掛けているのはまだ三万社にとどまっています。あと五十七万社。それも日増しに増加しているのです。

アリババの成功は杭州の神話とも呼ばれていて、Ｂ２Ｂへの期待もとても高いものがあります。ここで皆さんと賭けをしましょう。三年以内、いやもっと早くに結果が出ます。

Ｂ２Ｂは産業の連鎖のようなもので、単独では機能しません。アリババは少しばかり先を走っていますが、これからは人材の競争、そして規模や資本市場の競争にさらされます。その競争を生き残るのは至難の業でしょう。

多くの人に請われているのでしたら、私も阻止はしません。これは個人の権利ですから。

しかし、アリババを辞めるとしたら、私なら他のインターネットの会社には入りません。これは職業の貞操と道徳です。私はこの会社に感謝していますし、どの会社にも私たちが立ち上げてきたこの会社を壊してほしくないのです。

競争相手に入社しても勝率は低い

これはGE（ジェネラル・エレクトリック社）社がこれまでやってこれた理由です。GE社を離れた幹部社員は競合他社に移ることはしませんでした。彼らはGEから財産を得たと感じ、会社に損害を与えるようなことはしまいと考えたのです。社員が意思と勇気をもっていたからこそ会社は発展し続けることができ、彼らも会社に顔向けができるわけです。

辞めた会社を壊そうとたくらみ、社員を引き抜くような人の人格や心はねじ曲がっています。他人を否定するということは、自分が持っていた価値観を否定すること、自分がやってきた仕事を否定することです。競争相手の会社に入っても結構ですが、孫彤宇が言ったようにそういう人の後半生は良いものにはならないでしょう。そんな会社は長くは続かないですし、そういう人をアリババは門前払いにします。

アリババは成長し続けます。われわれがB2Bをやり、他社がサーチエンジンやポータルサイトをやるのであれば競争は発生しません。皆さんがアリババを離れることになったらインターネットの会社に入ってはダメというわけではありません。アリババと競争しない道を選べばよいのです。

アリババの外国籍社員の旦那様の話です。彼はもともとアルカテル（仏の通信システム会社）にいたのですが、北方通信に引き抜かれました。入社後、アルカテルはどうやっているのかと聞かれた彼は机をたたいて立ち上がり「この会社へ招かれて私がやる仕事とアルカテルは関係ないでしょう。アルカテルに背くようなことは絶対にしません」と言ったそうです。このことで北方通信の社長は彼のことをすっかり信頼するようになりました。GEとシーメンスの間のことも同じです。

皆さんに肝に銘じてほしいのは、第一にまだまだ大金持ちではないということ、第二に同業他社に転職、投資しても勝率は低く、手にした富を失う可能性もあるということです。

いいときもあれば、悪いときもある

第三に、私たちはこれから一、二年の間に他の社員よりも多くの代価を払わなければなりません。

ここにいる全員が毎朝スポーツカーで出社し、「馬社長が辞めるなって言うし、辞めるのも申し訳ないから辞めないでおこう。まぁ、タオバオやアリペイの株もあるし、会社が代わりに儲けてくれているから適当にやっておこう」といった考え方で、ハードワークを忘れてしまったら、これこそ最大の災難です。

頭を使わない人を私たちは嫌いですし、心配しています。そういう人がいたとしたら、徹底的につまみ出します。考えてもみてください。株を持っていない新入社員に申し訳ない。一生懸命仕事をしている人、私たちを信頼してくれている株主、そして未来に対して申し訳ないからです。ここは強く言っておきます。力を発揮しない人は厳しく罰せられます。

この社会や人々に感謝しましょう。私たちが恩恵に浴しているのは頭がいいからではありません。運が良かったからです。感謝を忘れた人は代償を払わなければならず、ひどい後半生を送ることになります。

今手中にある富は、入社四年、三年、二年、一年の社員たちが作り出したものではありませんか。アリババを今の姿にまで育てたのは、ここにいる人たちだけではないでしょう。後輩たちの努力によるものでもあります。違いますか。

たとえ創業者十八人が哪吒（注33）のように全能だったとしても、新しく入る人がいなければ今日のアリババはなかったでしょう。感謝します。これからの三年、五年、一人一人に注目していきたいと思います。アリババの中核メンバーは「五年ビンテージ」社員の貢献に強い関心を持っています。さらなる努力をもってお客様の対応をしてください。

もう一つ。ここにいるすべての人にチャリティー活動をしてほしいのです。大げさに外へアピールするのではなく、ビジネスのように求められているところへ提供し、結果を残すこと。たとえ一元、十元でも出して、例えば「アリババ『五年ビンテージ』基金」のようなものを設立し、正しいと思うことをやってほしいのです。お金を得ることができたのは自分が特別なのではないのですから、感謝の心を持ってください。今日の話を通じて分け合う心の大切さを学んでください。

インターネットにいるさまざまな人の中で、私たちは運が良かった。こんなに優秀な社員を得て、大きな仕事を成し遂げることができたのはなぜでしょう。訳の分からないままスタートしたタオバオでしたが、これが快進撃を続けイーベイに打ち勝つことができるとは！努力し、失敗はしても運勢に助けられてきました。私たちより頭のいい人は大勢いるというのに！

いいときもあれば、悪いときもあります。アリババに運が向いているときもあれば、運に見放されることもあるでしょう。運が向いているときに冷静に多くの仕事をすることで、運に見放されたときにも災難に見舞われずに済むのです。

幸運を享受した報いを受けることもあるでしょう。運が向いているときに同僚や会社に感謝することを知らず、自分は何をやってもいいと思っているときは、「報いの種」をまいているときなのです。多くの人や会社がいい気になっているときに「報いの種」をまき、負のスパイラルに陥っていくところをたくさん見てきました。

私は今日ここで、皆さんに、会社に、中国に、電子商取引に感謝したいと思います。もちろん同業他社にも感謝します。

（注33）西遊記などに出てくる子どもの姿の武神

いいライバルに出会えたらラッキー

社員一丸となって努力し、アリババグループから百万長者を一万人誕生させることを昨日約束しました。一万人の百万長者とはどういう概念でしょう。現在、数千株を保有している人たちが百万長者になることができるとしたら、皆さんのように二万株も持っている人は千万長者になりますね。他人を助けるときに自分も助け、自分を助けるときに他人も助けましょう。

中国の会社が一万人の百万長者を誕生させるという奇跡を起こすチャンスが必ずあるはずです。新しく入ってくる社員のためでもあります。彼らの仕事が私たちに富をもたらしました。彼らにも富をもたらし、一つ上のステージに上げることで、良い循環を作り出せるでしょう。

会社にとって一番大切な社員は、株価が下落しているときにもいつもと同じようにしっかりと仕事をする人です。半年や一年の間ずっと高値をキープできるわけではありません。

昨日、上場へ向けての手続きを始めると話しましたが、正式に上場を決めたわけではありません。もし、九月、十月に株式市場が大暴落してしまって、二十元の価値のある株を二元で売り出さなければならないような目に遭いたくはないですからね。お金がないわけでもないし。その時になったら決めましょう。しかし、株式市場にどのような波風が立とうとも、アリババはすでに相当の価値があることを言っておきます。今日打った布石がさらに発展を促してくれることでしょう。

次に、アリババが直面している災難について、この部屋にいる皆さんだけに正直に話したいと思います。アリババB2Bが直面している災難についてです。B2Bの英語サイトの最強のライバルはグーグルです。グーグルは全面的に貿易の領域へ踏み込んできました。グーグル検索からのヒット率はますます高くなってきているし、アリババの英語サイトのセールスチームはとても強いのですが、ホームページの制作や技術の導入に大きな問題を抱えています。

考えてもみてください。私たちは世界一流のライバルと戦おうとしているのです。グーグルは千三百億ドルの会社です。引き抜いた毛一本だけで、多くの会社を蹴落とすことができるでしょう。昼の会議で話していたのですが、英語サイトを担当するエンジニアはたった十八人しかいません。十八人がグーグルとの戦いを受けて立とうとしているのです。アリババの売り上げの六五％を占めるB2Bをこの十八人のエンジニアが背負って立っているのですから、どの部門の方も全面的に英語サイトをサポートしてください。私たちは危機の真っただ中にいます。二、三カ月のうちにこの局面を変えなければなりません。

アリソフト、タオバオ、アリペイ、ヤフーチャイナから優秀なエンジニアをこちらのチームへ異動させましょう。特にアリソフト。どのくらいエンジニアがいるのか、手を挙げてもらえますか。今日Ｂ２Ｂがボクシングのリングに立とうとしています。これは世界タイトルマッチです。ゴングはもうすぐ鳴ります。優秀な人材を配備しなければ。優秀な筋肉だけでなく、グローブやマウスピースもつけなければ。

アリソフトから人を異動させることに意義を唱えないように。志願兵のように立ち向かっていける人が必要です。タオバオ、アリペイ、ヤフーすべてが心を合わせなければなりません。全力で最初の志願兵をＢ２Ｂへ送り込みましょう。われわれの国際サイトへ。

戦いは激しくなるばかりです。ＱＱの実力は皆さんよく知っていますね。バイドゥの実力、グーグルの実力も知っていますね。アリババは強いけれど、相手も世界一流、中国一流です。ＱＱはＩＭ（インスタントメッセンジャー）の業界では向かうところ敵なしの世界一流と言えるでしょう。

グーグルも世界一流。バイドゥの株価は二百ドルを超えました。優秀なライバルに会えることは幸運なことです。タオバオは運がいい。アリババグループも運がいい。私たちが出会ったライバルは世界一流のライバルです。彼らに学び、そして超えなければなりません。私たちのやり方は彼らに負けずとも劣りません。

電子商取引とインターネットには二つの巨頭があります。一つはポータルサイト、もう一つは検索エンジンです。今のところ、Ｗｅｂ２．０の商業パターンで運用するのが一番いいようです。広告に頼らず、取引によって利益を上げる。つまりイーベイとタオバオです。

バーチャルワールドへ

社会は必ずバーチャルワールドへと向かうでしょう。バーチャルワールドとはコミュニティーのことです。インターネット時代の神器と言えば、まずは検索エンジン、続いてＩＭでしょう。三番目はメールボックスが続くはずです。

インターネットの発展、すべての技術は社会の発展と創造を中心としています。

インターネットの目下の情勢と未来について、皆さんと一緒に分析したいと思います。私の仕事はこれですからね。私が皆さんの仕事をしたのではだめなのです。私の仕事は未来全体の情勢を見据えること。私はインターネットの技術については素人ですが、インターネットの本当の商業価値と未来の趨勢がどこにあるかを見ることができなければなりません。

タオバオと争っているころ、イーベイは七百から八百ドルをつけていました。当時グーグルがまだどこにいるのかを知らず、イーベイは望遠鏡でグーグルを探さなければならない状態でした。ただし最も恐れていたのはグーグルがイーベイをつぶしにくることでした。

イーベイは二度ほどひどい目に遭っています。一つ目は上場が早すぎ、（投資）回収を急ぎすぎたこと。株主の会社に対する要求が多すぎ、次の四半期、その次の四半期へと続きます。月ごと、四半期ごとの業績を考えなければならず、手錠をかけられたような状態です。アリババもこのような状態になるかもしれません。四半期ごとに審査を受けることになれば、創造性に多少影響が出るでしょう。

イーベイはまず日本市場へ進出し、孫正義というクレイジーな人にコテンパンにやられました。四、五年前は今のグーグルと同様向かうところ敵なしだったはずなのに、まさか日本であっという間にやられてしまうとは誰も思っていませんでした。中国へ乗り込んでくるのですから、二百億ドルの損失を埋めようと考えているに違いありません。ここで一番重要なのは、日本でのことは偶然の産物としても、中国でタオバオに負けてからというもの、投資家の不評を買っているそうです。

タオバオは最大の市場を作っていきます。やっていけるのかは、私たちが将来どうやっていくかにかかっています。アリババは中国、この全世界が最も注目している市場を独占していきます。イーベイは進出に失敗した地域があるものの、今も時価総額数百億ドルの規模を誇り、成長を続けています。タオバオも負けてはいません。中国は将来世界最大の市場に成長するからです。

今タオバオは無料でやっています。すぐにも集中してヤフーの検索エンジンを消化しましょう。そうでなければヤフーを買収した意味がありません。ヤフーの検索エンジン技術を買ったのは、バイドゥやグーグルと競争するためではなく、タオバオやアリババの内容増加によりお客様を早く確実に目的地へご案内するために検索エンジンが必要だからです。検索エンジンを電子商取引の市場で使います。アリババが世界市場の典範となるための最大の展開方法がＩＭです。

大きく分けてインターネットには二つの機能が備わっています。一つは娯楽で、もう一つがビジネスです。娯楽はテンセント（騰訊）（注34）、ＮｅｔＥａｓｅ（網易）、盛大といった会社がやっていますが、ビジネスはアリババただ一社だけです。

娯楽はビジネスに基づいています。経済の基礎がその上に建つ建物を決めるのです。私たちに与えられたチャンスはたくさんあります。新しい業種ができた場合、二、三年は人気があるでしょう。一般的に言って三年なら当たり前、五年ならまずまず、六年も経てば社会が成長し続けない限り、下降線をたどり始めます。

アリババがネット上の世界を作る上で、検索エンジンは比類なき絶世の刀と言えるでしょう。天下に名刀数あれど、問題はどんなに素晴らしい刀を持っているかではなく使う人が達人かどうかなのです。ビジネスモデルが素晴らしいかどうかです。武術の達人であれば、たとえ棒切れであっても名刀のように使うことができるでしょう。

私たちが手にしている武器は悪くありませんし、市場もまずまずです。検索エンジンを使いこなせば怖いものなしです。強大な敵に立ち向かうことができます。

今、私たちは大きなチャンスをものにしています。アリババというチームは中国のインターネット管理会社の中ではなかなかのものです。しかし、ライバルは手ごわい。いったんグーグルがセールス体系を作り上げてしまったら、アリババのB2Bは甚大な被害をこうむるでしょう。

今日はこのくらいにしておきます。私がお話したかったのは、ここに座っている皆さんが会社の未来を左右するということです。これから数年間、これまでよりもさらに勤勉に、さらに情熱を込めて仕事をしてください。問題を見つけたら、それを解決するために新しい人たちががんばってくれるでしょう。

ここに「デキる人」は多くありません。「デキる人」は会社を辞めて独立していきました。しかし、私たちはチーム力、勇気そして気力をもって強く大きくなれるのです。

（注34）インスタントメッセンジャーQQを運営している

同舟共济
超越岗位和分工，推动各方力量，高效敏捷，一追到底。
一杆到底
刀刃见血
服务年关键字
一杆到底
同舟共济

第八章 アリババが目指すものは「継続的変化」

2007年はタオバオ、アリペイも好調を維持した。そんな中、馬雲氏は事業全体について継続的変化の重要性を説いた。

■二〇〇七年八月二十七日
湖畔学院での講話

二〇〇七年、アリババは世界の企業家が選ぶサイトのランキングで第一位を獲得した。アリババは「海外にいるアメリカ人ビジネスマンにとって一番価値のあるサイト」に選ばれた唯一のアジアのサイトだった。

私たちは平凡なチームである

皆さん、ありがとう。アリババを信頼し、入社してくれてありがとうございます。ここにいる私たちはみんな普通の人間です。普通の人が集まって一緒に普通ではないことをやっているのがアリババです。「私たちは平凡な人間だが、一緒になって非凡なことをやっている」。これは、アリババ文化で大変よく使う言葉です。

バイドゥやグーグルはエリート部隊ですが、アリババは平凡なチームです。しかし、やっているのは非凡なことです。

皆さんと一緒にいられる時間が少ないため、多くの人の名前を覚えていないことを恥ずかしく思っています。一緒に仕事をしているのに、一緒に過ごす時間が短すぎます。これから二日間朝から晩まで一緒にいて、意見交換しようと思っていたのに、とても残念です。

アリババの創業メンバー十八人は、創業当時、できるだけ口げんかをして、大騒ぎしようとしていました。ケンカができるのは仲のいい証拠です。孫彤宇とは一週間もケンカが続いたことがあり、顔を合わせても笑いもしませんでした。李琪と一緒にアメリカ出張をした時などは、八日の内七日間は口もきいてもらえませんでした。でも、私たちの間には何のわだかまりもありません。

中国イエローページ時代、ホームページを作るのが難しかったあのころ、開発できるのは李琪だけでした。中国国内でも何人もいなかったと思います。そんな彼を何度もアメリカへ連れて行くと言っていたのに口約束ばかりで、やっと実現した出張が第一回目。そして、二回目の出張の時のことです。原因は忘れましたが、嫌な空気が流れ、口をきいてもらえなくなり、とても切ない思いをしました。孫彤宇にしろ、李琪にしろ、創業メンバーとは当時よくケンカをしたものです。

ある時は夜に始めた会議が朝の四時まで続いたことがありました。私たちは三原則を取り決めていました。誰かに文句があるならば、本人に言ってケンカをしてでも直接解決する。解決できないときには私に事情を説明して、その後は口を閉じる。相手に直接言わずにあちこちで文句を言ったとしたら、規則違反と見なす。非常に過酷な時期でしたから、このようにして問題を解決していたのです。

この時期、私は今日のケンカは明日の理解につながると信じていました。数年後、ケンカがなくなった時がチャンス到来。それぞれがそれぞれの仕事に邁進し、自分の部門や自分の会社に忙しくなれば、一年に一度会うのも難しくなるでしょう。

私たち創業者十八人は一年に一度食事をします。旧正月前に一緒にテーブルを囲むのですが、みんなしゃべりっぱなしで、いろんなアイデアを次々と披露します。多少表現に気を遣ったりはしますが、基本的に好きなことを好きなように話します。

私たちはチームです。お互いに心を開き、意見を交わし、情報を共有しましょう。同じ会社で働くということは縁があるということです。結婚しろと言っているのではないのですから、この人嫌いだから一緒に働きたくないなどとは言わないでください。たとえ嫌いな人であっても、友達にはなれなくても、一つのチームの中でよい同僚になることはできます。

家族の間でも気に入らないことがたくさんあったとしても、お互いにハッピーになるように努力しますね。同僚同士、もっとお互いを知り合ってください。あっちこっちのビジネススクールで学んだ人間が会社の中で角突き合わせるというのも無駄な話です。

同じことを言いますが、皆さんと交流する時間が少ないことを後ろめたく思っています。参加できる活動にはなるべく参加し、多くの意見を交わしたいと思います。

アリババの真髄は「継続的変化」

アリババのもっとも真髄にあるものは何か、それは「継続的変化」です。これは永遠に続けます。執着と変化は私たちの一番大切な真髄なのです。

この二日間を皆さんと一緒に過ごせないのは、明朝早くに香港へ赴き、午後行われるアリペイの記者会見に出るためです。明後日はオーストラリアで行われる世界中小企業年次総会に参加し、講演を行います。

多くの人はお金を儲けるために、生き残るためにビジネスを始めます。私たちが創業したのは、自分たちが正しいことを証明したかったから、何が正しかったのかを証明したかったからです。インターネットを通して多くの人が富を得ることをサポートし、インターネットが人々の生活の各方面を変化させることを証明したかったからです。

当時はこんなことを言っても相手にしてくれる人はいませんでした。だから自分の言葉ではなく、「ビル・ゲイツはこう言っています」と言うようにしたんです。一九九四年、一九九五年あたりから、私たちの路線をインターネットで生活を変え、中小企業をサポートし、起業家、弱者をサポートすると決めました。

今日までやってきて思うことは、まずインターネットは生活を良い方向に変えたということ。第二にアリババは中小企業のサポートをよくやっているということ。第三に中小企業があるから今日のアリババがあるということ。会社が大きくなったからといって、中小企業のことを忘れてはいけません。中小企業は世界中にあるのですから、サポートし続けることでお互いに分かち合い、助け合うことができるでしょう。

こんな話をよく聞きます。アリババに来て三カ月は非常につらい。アリババにいると早く老ける。アリババの八年は普通の世界の二十年に当たる。圧力鍋で蒸されているようにプレッシャーがきつい。

伝統産業はインターネットのことを虚の世界であるとして見下していますが、その実、インターネット業界の三、四年は彼らの十年に相当していることに気づいていません。

アリババに入ったばかりの皆さん、これからの生活は楽しく、忙しく、めちゃめちゃなものになりますから期待してください。私は四日の休暇をもらっても、初日から頭の中が仕事のことで渦巻いてしまうので、二日で会社へ戻ってしまいます。働くのはお金のためなどという考えは捨ててください。生活のために努力するのではありません。私は給料が八十九元だったころが一番ハッピーでした。今はもう、お金や名前のために働いてはいません。そういう段階は通り過ぎました。最近は顔や名前が知れてしまっているので、飲みに出掛けたり友達に話しかけたりするのも難しくなりました。ひどいことです。

私たちは素晴らしい時代に生きています。世界を変える、世界に良い影響を与えるチャンスに恵まれたのです。楽しく面白くそして偉大な会社を創業して、人類に影響を与えることも可能なのです。今はインターネットがすべてを変える時代なのです。

形勢良好なときにこそ問題が出やすい

死ぬ前に人が後悔するのは、本当だったらできたのにやらなかったことだそうです。本当はあの人と結婚できるはずだったのに結婚しなかった、残念！間違った結婚と結婚しないことがどう違うのかは八十歳になれば分かるでしょう。

政治、軍事、経済。政治と軍事は難しそうなので、私たちはビジネスにいそしみましょう。アリババグループは、中国では資源もあり、布陣も整い、将来マイクロソフトやGE、ウォルマートのような世界に影響を与える会社になるチャンスに恵まれています。

グーグルが偉大な会社だとは思いません。二十年、三十年と揉まれ続け、いったん地獄へ落ちても、また這い上がってくるようでなければ、偉大な会社とは呼べません。グーグルもアリババもここ数年は順調ですが、偉大な会社と呼ばれるのはまだまだ先です。

入社した皆さんには、学ぶことが得意になってほしいですね。アリババはまだ創立八年の会社で、有名にこそなりましたが、実際はまだ小さな会社で社内の制度も整っているとは言えません。社員一人一人が心に尊敬の念を持って仕事をしてきたからこそ、ここまで走ってくることができたのです。

アリババでは二〇〇一年に一度粛清を行っています。これについては、明日彭蕾が話してくれるでしょう。インターネットがどこまでいけるか、何が私たちの共通の目標なのかについて、一緒に考えましょう。

今日アリババは二回目の粛清を行い、私たちの思想を統一しなければなりません。アリババB2Bが上場し、タオバオの勢いも増し、アリペイも好調、ヤフーも調子が戻ってきました。そしてアリソフト、さらにはアリママも控えています。天下を取るのも夢ではなく、何かできそうな気持ちでいますが、こういう時こそ、問題が起きやすいのです。

よくよく気をつけましょう。好事魔多し。幹部社員の皆さんには一つのテーブルについてもらって、私たちはどこへ向かっているのかを今一度見直し、統一見解を出す必要があります。

価値観や目標、使命感が統一されていなければ、二〇〇一年のインターネット業界のような優勝劣敗の世界に巻き込まれてしまいます。

スピードはインターネットの大前提

アリババは新しい会社で、老舗のメーカーや国営企業など以前からある企業とは一線を画しています。八年という短い時間の中で天下を取り、今のグループ企業を作り上げました。スピードが大切です。穴だらけの会社に見えるかもしれませんが、塞げる時に塞げばいいのです。

スピードはインターネットの存在意義、大前提です。しかし、結果を考えてみると、速度が世界一でも仕事がちゃんとしていなければ意味がないわけで、スピードがありながら仕事もしっかりしている会社でなければ成功するのは難しいでしょう。

物事を一つの面で判断してはいけません。道教では陰は陽に転じ、陽は陰に転じると言いますが、すべての物事は多角的で変化するものです。絶対的な「こうだったらこう」という四角四面なものではありません。

太極拳をやっている人は分かると思いますが、陰と陽は常に変化し動いています。いつ堅持し、いつ放棄するのか。衛哲が私のオフィスに来て話をした時に、彼はこれが四つ目の仕事だと言いました。アリペイ、アリババ・インターナショナル、そしてアリババ本部。チームの攻撃力はとても大切です。なぜアリババの価値観の中に「継続的変化」があるのかと言うと、「継続」の二文字が鍵になります。変化するだけでなく、「継続的」に変化する。これはアリババにとって最も大切なものです。そして、永遠に変えることのない使命感によって、世界の、中国の中小企業をサポートします。アリババのお客様のほとんどは中小企業であり、主なターゲットは起業する人です。

この基本を踏まえれば、ビジネスの環境が、ライバル会社が、市場が変わります。そして、成熟度は変化し、人材の配置も換え、資金状態も変わってきます。戦術を変えなければ生き残ることはできません。継続的に変化し続ける一方で永遠に変化しないものも持ち続けるためには、どうしたらいいでしょう。

史玉柱が作り上げた巨大グループは一夜にして出現した感がありました。あっという間に大企業になりましたが、中身がしっかりしていなかったため、ほころびが出始めると凋落するのも早かった。

私の息子はまだ十五歳だと言うのに身長は一メートル七十八センチもありますが、中身は十五歳の子供です。一メートル七十八センチの人が頭の中身も一メートル七十八センチなわけではありません。そして、その父親も大柄だと思うのも間違いです（馬雲の身長は百六十六センチ）。私たちがたった八年で築き上げた影響力が伝統産業を追い抜いたのは確かですが、中身の成熟度から言うと、業界、会社、社員共にやはり八年の会社だと言わざるを得ません。

多くの場合、八年の会社などまだまだヒヨッコなのに、自分で完全無欠だなどと誤解していたら、悲惨なことになります。

大企業の制度は完璧で、一冊にまとめるとこのくらいの厚い本になりますが、使われていない制度は死んだも同然です。制度とは自分自身を縛るものです。制度は必要ですが、制約が多すぎてもよくありません。動いている中で会社の真髄を把握しなければ、良い制度は作れません。

アリババが大切にしているのは、真心、情熱、継続的変化、そして顧客第一主義だということを肝に銘じてください。特に特徴のある「継続的変化」のミソは「継続」の二文字です。八年来アリババがやって来られたのは自分を変化させ続けたことに起因します。

時には頭をぶつけて路線変更することもある

イエローページ時代に会社を興したことがあります。二千五百元を元手に作った海博翻訳社で、まだ存在する会社です。翻訳をしたい老教授と、翻訳者を探しているお客様を引き合わせたことがあります。教授の一カ月の給与は百元少々で、小遣い稼ぎをしたい。その一方でお金を払ってもいいから翻訳してほしい人も大勢います。そのようなわけで、私がプラットホームを作りました。海博翻訳社は今も利益を上げていますが、私はその利益を寄付に回しています。翻訳社を作った時に浙江省最大を目指し、実際そうなりました。

当時、私が勤務していた学校の校長だった教授がこう言いました。「馬先生、君は永遠に変わらないものを持っているね。自分がやりたいことを実現するためにいろんな方法を考えるけれど、心の中にある主軸は何ら変わらないんだね」。

アリババはインターネットを通じて中小企業のため、世界を変えようとしますが、時には頭をぶつけて路線変更をすることもあります。張樹新もこの間頭をぶつけました。チャイナテレコムが電信事業を独占していると言ってゴッン、独占反対、ゴッン。玉砕です。チャイナテレコムの独占は何十年にもわたっているのを知っていますね。戦う中で戦略の変更、戦術の変化は必要です。ただし、アリババが世界のインターネット企業の一つになるという目標は変えられません。

アリババは若い企業です。入学したばかりの小学生と同じ八歳。来世紀まであと九十四年の道のりを歩かなければなりません。制度や福利に不備があります。

オフィス政治というものはおかしなもので、往々にして車に起因するようです。アリババのCEOには運転手つきの車がありますが、これは私の運転技術が未熟なためで、会社には感謝しています。これもリスクヘッジの一つです。私と創業メンバーが同じ飛行機に乗らないのは、万が一飛行機が墜落したときに会社に与えるダメージを最小限に抑えるためです。オフィス政治の話をしたのは、他の会社の多くはこれによって失敗しているからです。他の会社がどのように成功したかについて特に興味はありませんが、どのように失敗したかについては学ぶべきところがあります。

車、秘書、わいろ。もし自分の会社の役員が美人秘書とよろしくやっているなんていう話を聞いたとしたら、黄信号が灯った合図です。社員があれこれ言い出して、その役員を解雇したとしても挽回するのは不可能です。

未然の危機に備えましょう。多くの会社は、あいつがＢＭＷなら、私はＡｕｄｉだと張り合っています。役員自身は気にしなくても、秘書の間で「うちのボスを見くびらないで」と火花を散らしている場合もあります。

人間は、間違いは誰かが犯すものであって、自分は間違わないと思い込んでしまいがちですが、99％の人は間違いを犯します。大部分の人は聡明な自分が間違いなど犯すわけがないと思っていますが、それこそ大きな間違いです。

アリババは創立八年の若い会社です。「中国で勝つ」でなぜ率直に評論するかというと、それが自分の経験だからです。毎日多くの時間を割いて、漢方医が問診するように、見て、聞いて、尋ねて、脈をとることで、物事を判断できるようになるのです。アリババはタオバオ、アリペイ、ヤフー、アリソフトと五社体制になりました。お客様の問診に時間をかけ、早急に対処が必要な重病なのか、鼻かぜなのかを診断してください。ただ、鼻かぜから重病になることもあるので、注意が必要です。判断を間違うと命取りになりかねません。

最初の勢いだけでは長続きしない

アリババは素晴らしいものを持っています。そうでなければ今日までやってくることはできませんでした。この八年間の苦労、困難にもくじけることのなかったアリババには、必ず素晴らしいものがあります。

新しい人が新しい考え方を持ち込んできたときに起きる摩擦をどのように解決したらよいでしょう。関明生をCOOとして迎えた時、彼は部下を連れずに一人でアリババにやって来ました。彼はこれ以上ないほど古臭い男です。最初の三カ月は漢方医のように見ては聞き、問うては聞くを繰り返していました。新しく入ってきて大見得を切るような人は長続きしません。

アリババには新しいものを受け入れる文化がありますが、皆さんはどうですか。十八人で始めたアリババが七千人になったということは、アリババが新しい人、新しい考えを受け入れているということです。アリババの土壌にはさまざまな木や草花が生えていますが、その多くは外から移植されたものです。素晴らしい人が外から入って来ては、この土壌に馴染んでいます。土壌が木に馴染むわけではありません。

アメリカに馴染めないという人がいますが、アメリカはあなたに馴染んではくれません。アメリカへ行って一旗上げることができる人は、自分を変えることを厭わずアメリカに馴染む努力をする人です。リーダー、成功者は環境に馴染めるように自分を変えることができます。環境に適応できる動物が生き残ることができるのと同じ道理です。

アリババが上場した翌日の午後に開いた「アリババ五年ビンテージ社員大会」の席上でこう言いました。皆さんがいい仕事をしているのは、能力があるからではなく努力しているからだ。五年ビンテージ社員のほとんどの人は株式上場によりひと財産持っていることでしょう。しかし、私たち創始者を見てください。誰が百万長者に見えますか。自分がアリババの五年ビンテージだからと言って天狗にならないようにしてください。

会社が急に大きくなったころはそこを歩いている人を次々スカウトするような状態で、さまざまな人が入社しました。今の新入社員のほうが優秀で仕事もできると思います。世の中には私たちよりも勤勉な人は多いですし、五年間アリババで働いたのは優秀だからではなく、他に行くところがなかったからです。

目立って優秀な人はヘッドハントされますし、頭の切れる人は自分で商売を始めました。でも、残った人は正解です。ヘッドハントされた人は今何をしているのか分からなくなっていますし、独立した人で成功している人は私の知る限り一人もいません。アリババに戻りたいという人がいるくらいです。アリババよりも良いと踏んで同業他社へ行った人は、戻りたくても戻ることはできません。会社が一番苦しい時に競合相手に移籍するとは、ずいぶん自分勝手な話です。他人は許したとしても自分で自分を許せないような間違いです。

アリババがここまでになったのは、五年、八年と働いている皆さんに能力があるからでも、頭がいいからでもなく、このチームができる仕事をがんばり続けたからです。

先週、創業メンバー十八人が集まり、自分たちは英語も下手だし、技術も今一つだから連隊長、小隊長の器で、師団長などとてもなれないと話しました。しかし、せっかく外から来てもらった師団長クラスの人はみんな逃げてしまいました。アリババの老兵はしぶといです。老兵と新兵の差は、戦場で大砲を撃ち込まれても冷静に対応できるかどうかです。

八年の間、愚直に電子商取引に取り組んできました。これで終わりとは思わないでください。少なくとも二十年は電子商取引の時代が続きます。一番輝かしい時代の到来は五年後です。

呉敏芝は現在アリババの浙江区のトップです。初めて会った時の彼女は、小さな女の子のように見えました。上海にいた彼女以外のメンバーが全員辞めてしまったショックで、顔色は真っ青でした。そこで、私は上海からいったん撤退し、上海のスタッフを杭州へ呼び戻す決定をしたのです。一昨日、彼女が私に言うには、彼女の夫はとても仕事ができる人で、小さなレストランを二軒経営していますが、やればやるほど疲れるようで、かわいそう。私は死んでも起業などしません。今、彼女の収入は夫よりも多いそうです。学び、慣れ、変わり続けているからこそ、アリババは今日を迎えることができたのです。

仕事ができるのはチームのおかげ

優秀な幹部社員は自分が何を言っているのか知らなくてはいけません。部下に本当のことを言い、内容を分かち合う必要があります。心の中では嫌っている相手に対しても口先では褒めて、部下と話をするときもまずは褒めてから最後に少し叱るようにしてはいませんか。それで相手が浮かない顔をするようであればさらにもう一度褒めるので、部屋から出ていく部下は、自分が褒められたのか叱られたのか分からなくなってしまいます。一時間を費やしても相手は褒められたことだけが印象に残り、翌日には同じ問題をぶり返し、結果的にお互いにイライラが募って悪循環に陥ります。

多くの人が「中国で勝つ」で私が言っていることは確かにその通りだと言いますが、あんなものは何の役にも立ちません。アリババグループの存在が私に後光をもたらしているようなものです。アリババの業績、アリババの社員が、私の話す内容を聞くべきものにしてくれています。私たちが共通認識として持ちたいのは、仕事ができるのは、自分に能力があるからではなく、チームのおかげだということです。

クリントン元大統領は、大統領がこんなにも朴とつな話をするのかと思うほど魅力的な人でした。彼が大統領だからこそ平凡な部分が魅力的に映るわけですが、もし大統領でなければ彼を魅力的だとは思わないかもしれません。

チームの力が自分の実力を高めてくれている。黄飛鴻（注35）ほどの武功があれば、青筋を立てて怒らなくてもたてつく人はいないでしょう。こんなに太い腕をして見るからに恐ろしげな男が街を歩いていたら、彼を避けるでしょう。その一方で、見るからにひ弱で武功などありそうにない青二才が、一発蹴り上げただけで相手を倒してしまうなんていうこともありますね（中国の武侠小説によくある場面）。あなたのことを聡明なやり手だと気づかれた時にはもう武功を使う必要などなく、人々はあなたを尊重するようになるでしょう。

リーダーは謙虚に他人を尊重する人ほど、見識が高く、同僚もその見識に一目を置いています。クリントン氏の一番の魅力は、言葉ではなく、誰かと話をするときにその人のことをじっと見つめるところにあります。それが誰であれ、その人を見つめ、その人の話を聞きます。よく人の話を聞くことはリーダーにとってとても大切です。

彭蕾の発言：誰かの話を熱心に聞くことに関しては、馬ＣＥＯに発言権があります。二〇〇〇年ごろの私は右も左も分からない子どもでしたが、ＧＥで長いこと働いていた関明生は、入社して半年間じっと私の仕事ぶりを見つめ、話を注意深く聞いてくれました。当時の私はそれに値する人間ではなかったと恥ずかしい気持ちにさせられます。無意識のうちに手助けしてくれる馬ＣＥＯのリーダーシップの下ではとても気分よく働くことができるのです。

（注35）清朝末期中華民国初期、広東省佛山市に実在した著名な武術家、漢方医。彼を主人公に作られたカンフー映画はギネスブックに掲載されるほど多数

虎の背から生還する（騎虎之勢）

多くの人は現状に満足していません。しかし、何かを変えようとしたときに、文句を言ってくるのもこういう人たちです。不満たらたらなのに、改革に着手した途端に反対するのです。一つのチームが前へ進もうとするとき、どう進むか。それは一人一人の修復能力にあると思います。アリババの立場から言うと、ここにいる皆さんはパートナーであり、

皆さんの修復能力のあるなしが会社の成功を左右するのです。

私たちはどこから来て、何をやろうとしているのか、どうして今の状態になっているのか、知りたければこの土壌に慣れてください。そうすれば自分自身を高めることができるでしょう。

私は業界内の人を採用することは滅多にありません。今の中国には、本当にインターネットを理解している人など何人もいませんからね。今までのビジネスを馬とすれば、インターネットは虎です。インターネットは興味深い業界ですが、それを理解せずに何年も生き残ることができたのは私くらいのものでしょう。馬にも乗ったことのない私が虎の背に乗せられて生還することができたのです。

第一の波、第二の波を乗り越えたインターネット企業の創始者は、ほとんどがエンジニアです。張朝陽（中国ポータルサイト大手ＳＯＨＵ〈捜狐〉の創始者）、丁磊（中国ポータルサイト大手１２６〈網易〉創始者）、馬化騰（中国総合インターネットサービス会社大手テンセント〈騰訊〉の創始者）たちがそうです。当初のインターネットを手掛けた人の十中八九は脱落し、そのほとんどはエンジニアでした。インターネットを分からない私が行き残ったことはずいぶん妙に感じます。

インターネットに接するときに、以前の経験はできるだけ忘れ去った方がいいのです。

学んできたことや、やってきたことを忘れろなんておかしな話だと思うでしょう。多くのＭＢＡ取得者に話しているのですが、学んだＭＢＡを忘れ去った時に初めて経営の手練れとなれます。忘れられる経験などもとより不要なものだったのです。血の中に溶け込んだものは、忘れたくても忘れることはできません。

前の会社がどうだったかなど意味のないことです。ＭＢＡでこうやれと習ったのなら、そうじゃない方法でやってみる。優秀なリーダーになるには「得意種目」を忘れることです。以前の経験に引きずられていたのでは革新など望むべくもありません。伝統産業の企業がインターネットに参入しても失敗してしまうのは、これまでのものをネット上に運んでくればいいと考えているからです。

ある社員が「私には経験がありますから」と言っているのを聞きましたが、それこそ忘れるべきことです。マイクロソフトから来たことを振りかざしていては、アリババではマイクロソフト流が通じないことに気づくのに三年かかるでしょう。

中国でインターネット企業を経営する中で、提案してくれる人や真似るに値する会社はありませんでした。グローバル企業の本部はアメリカやヨーロッパにあり、決裁するために毎度毎度中国まで飛んでくるわけにもいかないでしょう。アリババは中国に生まれるべくして生まれた会社です。アリババは誰にも真似やコピーができない会社ですが、その一方で誰かに教えを請うこともできません。助けてくれるのはチームであり、お客様です。

大量のプランクトンがいなければ、クジラは死んでしまう

尊大な態度を取れば、チームは本当のことを言ってくれなくなるでしょう。毛主席は「毒草を生やしておけ」と言いました。リーダーは配下の人間の良いところも悪いところもよく見極めて、悪いところを取り除くべきです。

ここにいる皆さんにお願いしたいのは、以前何をしていたにせよインターネットに向き合い、インターネットをよく見てほしいということです。やればやるほど自分の小ささを実感させられる仕事です。時価総額百億ドルぽっちの会社が世界レベルの偉大な会社になれると思いますか。だからといって私たちがインターネットの精神を持っていないということではありません。

インターネットの文化は一種の生態系であり、クジラやサメもいれば、プランクトンもたくさんいるわけです。小さな生き物がいなければクジラは死んでしまいます。アリババも生態系を持つべきで、生き残るための環境を整える必要があります。

無数の中小のサイト、ブログや論壇が生きていけないようであれば、私たちのようなサメやクジラは生きていけません。環境を整えるための施策をすることで、企業はより強く大きくなれるのです。だから、アリママをやろうと思ったのです。

アリババは中小のサイトに感謝しなければいけません。中小のサイトがなければ、タオバオはダメになってしまいます。利益になるかどうかは度外視しましょう。

アリババは負けたら逃げ道なし

人と人の間には説明のできない感覚があります。皆さんがアリババに入社したのは、この会社の良いところを見つけ、その中に溶け込みたいと思ったからでしょう。

二〇〇二年に香港ですごい人たちに会いました。戦略や技術に長ける優秀な人たちで、杭州のど田舎から出てきた私たちなど子ども扱いです。こちらの学歴がせいぜい大卒なのに対して、彼らはＰｈｄ（博士）で、グローバル企業の幹部クラスと聞いて震えあがりました。ああいう人をスマートな人と言うのでしょうね。しかし、実際のところ、すごい人と平凡な人の間に大きな区別はなく、平凡さと偉大さは誰もが併せ持つ表裏一体の関係です。

平凡な人は、実は偉大です。偉大な人は平凡な一面を持っています。これが分かれば、きちんとした人間になれるでしょう。

アリババに偉大な人などいません。少なくとも馬雲は違います。多くの人が私のことをすごい人だと思い、アリババの成功も失敗も私によるものだと考えていますが、実際のところ、成功は私とは無関係であり、失敗もまた私とは無関係なのかもしれません。アリババやタオバオ、アリペイが今日の成功をおさめたのは、陸兆禧達が一つ一つの仕事を積み上げたからです。衛哲が入社してからも私が横からあれこれ言っていたとしたら、決してうまくはいかなかったでしょう。外の人はこんな風には見てくれません。

私は普通の人間だということを外の人たちに伝えてください。もし馬雲が偉大な人物だったら、自分のことを聡明だと思うような人だとしたら、この会社はおしまいです。

皆さんががんばってくれているからこそ、私は他の人が想像することすらためらうことを思いつくことができるのです。これをやったら面白いなと思えば、行動に起こすことができます。タオバオ、アリババ、ヤフー、アリペイの基礎がなければ、アリママの成長はこれほど早くはなかったと、皆さんも思うでしょう。アイデアがあっても実現できない人が多い中で、私たちは協力して実現することができています。CEOから平社員まで、私たちは普通の人間です。特に聡明ではないので学び続けなければなりません。そして執着し、簡単にはあきらめません。

　海外留学から帰ってきた社員に、どうも輝きが感じられません。能力はありそうなのに、どうしてでしょう。今日は心の中で考えていることを正直に言いましょう。いつも社内で冗談を言うときも同じですが。Ｂ２Ｂの英語サイト、中国語サイトは中学生、タオバオは高校生、アリペイは大学生、ヤフーは留学生。これに慣れているとしたら、恐ろしいことです。明日、蔡崇信がどのようにアリババの歴史を歩んできたかを話してくれると思います。それは、ケンカ、ケンカの連続で、ある時など夜の十一時から電話でケンカを始め、三度も携帯電話をたたきつけたため、最後には壊れてしまったほどでした。

　その様子を見て妻は驚きましたが、今は本当の兄弟のようになりました。私も国外からの帰国組に慣れ、帰国組も私たちに慣れ、個性を尊重し合ったからこそ、ここまでやってくることができました。二つの文化が衝突する過程では放棄した方が負けになりますから、アリババ人としては放棄するわけにはいきません。

　イーベイとの戦いにしても、彼らは負けたら中国から撤退すればいいだけの話ですが、アリババは負けたら逃げ道などありません！

　アリババが勝つことができたのは、グループ企業であるタオバオが失敗したとしたらメンツが丸潰れになるからです。アリババがちゃんとした仕事をすることを信じてもらうためには、どうしたらいいでしょう。イーベイは撤退できますが、アリババは帰る場所がありません。十八カ月でタオバオをやっつけると言うのならば、十九カ月を生き延びて見せようではありませんか。これはグループの名誉に関わる問題です。

スッポンを海で飼う

明日から出張なのでまとまりのない話をしていますが、本当の私はこういう人間なんです。

マサチューセッツ工科大学で講演をした時に、私の前の講演者は関明生の友人であるGEの王さんでしたが、こともあろうに私が話す予定だった価値観について話したのです。おかげで私の講演はひどいものになり、王さんからはクレイジーな男という評価をもらう羽目になりました。その後彼をアリババに招き、三日ほどした時、彼は「ここには百人のクレイジーな人がいますね」と言いました。ここがポイントです。

皆さんが私の話に飽き飽きしていないといいのですが。せっかく時間があるので、話したいことを全部話させてください。

誰かと初めて会った時には、変わった人だと思ったとしても、七回、八回と会ううちに同じ人間だと思えるようになるものです。

外国で二十年も過ごした人や留学生が入社してきて、ウォルマートはこうだった、IBMはこうだったとならないのはなぜか。国外では基本的にさまざまな制度が整えられ、産業もリンクしています。しかし、中国では改革開放以降、二十数年続いている会社は少なく、参考になるロールモデルがありません。自分で構想し、自分でやり方を考えなければなりません。

アリババもいつかウォルマートやIBM、マイクロソフトのようになれるかもしれません。マイクロソフトも最初はこんな風だったでしょう。良いところはとても良いけれど、悪いところも悪い。あれこれ言うより理解するのが先です。多くの中国の製造業がGEを理解したいと考えていますが、アリババほど理解している会社はないでしょう。関明生が入社してからすべてを聞きました。彼らを理解するのが第一歩です。西側諸国は中国を理解していませんが、中国は彼らを理解しているのです。

ロンドン在留の中国人留学生は五万人を超えています。中国全土にいるイギリス人留学生を合計しても、これだけの数にはならないでしょう。アメリカ人で中国の大都市以外のところへ行く人がどれくらいいるでしょう。MBAを取った中国人は大勢いますが、西側への理解は「ＡＢＣ」が分かった程度です。

大変興味深いのは、多くの留学経験者は中国の学校での成績こそ良かったものの、中国社会を知らないままアメリカへ行き、アメリカで学び仕事をしました。その後、アメリカの核心を理解しないまま帰国し、結果的に中国のこともアメリカのことも外枠だけの理解に留まっているのが現状です。こういう人たちは素晴らしいものを享受しているにも関わらず、それをどう使えばいいのかを分かっていません。

ＩＢＭやマイクロソフト、ＧＥがあるのは、アメリカの何代、十何代の人々の努力があったからです。中国の企業はまだ初代、二代目といったところです。ウミガメ（注36）を淡水で養殖して死んでしまったらそれはしょうがない。スッポンを海で飼って環境に適合させればいいのです。関明生の言い方を借りれば、リーダーに必要なのは洋の東西を問わず、見識、度量と実力の三つなのです。

（注36）中国語で「海亀」は「海帰」と同じ発音であることから、海外留学や駐在から帰国した人を俗にウミガメと呼んでいる

見識はあるのに度量がないのは周瑜

私が大学で教鞭を取っていた当時五人いた副学長が住宅の配給（注37）を受けることになり、取り合いになってしまいました。その中で一番若い副学長だけが静観していたので、百平米もあるいい物件に興味がないのかと聞いてみました。「他の副学長は皆五十を過ぎているから、これが最終列車だと思っているのでしょう。自分は四十三歳でまだ始まったばかりですからね」。これこそが見識というものです。その後、彼は副省長になりました。

見識とは何か。この村では俺の家が一番大きい、最高の家に住んでいるのは俺様だと言っている男が上海へ行って不動産の値段を聞いたら、ニューヨークへ行ったら、ひっくり返ってしまうでしょう。外の世界を知らない、大企業を見たことがない、本物の創業者に、リーダーに合ったことがない人は、井の中の蛙です。どんなに自分が偉いと思っていても見識が間違っていては成長することはできません。見識の高い人の度量もまた大きいものです。皆さん、部下があなたを超えてこそ、自分が成長したと言えるのです。

アリババはさまざまな人材を欲しています。いろいろな人がいてこそ、優秀な文化に輝く会社になれるのです。もし同じような人ばかりだったら困ります。動物園の動物はみんな違うからこそ人々は見に来るのであって、同じ動物しかいなければ養殖場です。アリババは養殖場など必要ありません。度量の大きい皆さんは、さまざまな人材を受け入れることができます。部下にかなわなくなるまで育てましょう。部下の技能に勝っているうちは良いリーダーとは言えません。

エンジニアは技術で飯を食っています。ビル・ゲイツの技術はマイクロソフトのエンジニアより高いでしょうか。まさか！タイソンのパンチをまともに食らったら、トレーナーは吹っ飛んでしまうでしょう。ジョーダンのコーチはダンクシュートなど決められない。これが度量です。自分にあって他人にないものは何か、差別化の競争をすべきです。

もう一つ、技能の高い人、能力のある人は大抵ちょっと変わっています。この変人が胸襟を開けない状態であれば、偉大なリーダーになるのは無理です。管理職を目指す人、最終的に管理者のプロになろうとする人は度量がなければなりません。

喧嘩をしていて怖いのは、十発殴っても何の反応もないときです。リーダーの抵抗力、失敗に抗う力は復活します。部下がこのリーダーに付いていこうとすれば、少しくらい打たれても大丈夫。失敗に抗い、責任を担う度胸が生まれます。アリババのリーダーには、ずっと見識、度量、実力を備えてもらいたいのです。

リーダーであれば苦杯を喫することもあるでしょう。見識があるのに度量がないのは周瑜（注38）です。諸葛孔明の処遇に怒り、自分の怒りで死んだようなものです。度量が大きければ、あんなに怒ることもなかったでしょう。部下を嫌い、能なしだと思っているのならば、能なしはあなた自身です。部下を能なしではなくし、有能にするのが上に立つ人間の仕事です！もともとが平凡な人間の集まりですが、三年後もまだ部下が能なしであれば会社の失敗、やるべき仕事をしなかったあなたの失敗です。

私たちの成功は社員のおかげ、チームのおかげであり、失敗の原因はリーダーにある。この文化はアリババの根っこです。何が絶対的な正解で何が絶対的な間違いなのかは分かりません。今日話したことも、間違いが多く含まれているのかもしれません。それでも信念を持ち、未来のために考えましょう。

（注37）以前中国では職員の住宅は職場が提供していた

（注38）中国の後漢末期の武将

忘我の境地でこそ、自我を追求できる

完璧な人間などいません。間違っているのかもしれませんが、これが今の私たちの決定

なのです。香港の大富豪・李嘉誠の言葉を紹介しましょう。「建立自我、追求忘我」。

王安石が法を変えた時すべての人の批判を受けましたが、今見てみると北宋に有利な決定だったことが分かります。アリババの考え方は、五十年後、八十年後に振り返ってこそ分かるものです。

彭蕾が『古の政界』という本をくれました。北宋がなぜ栄えたのかについての分析は腑に落ちるものがありました。陳橋の変で無理やり黄袍（皇帝の衣装）を着せられて皇帝となった元軍人の趙匡胤は、文官を将軍に当たらせ、軍隊のリーダーをすべて文官にするという奇抜な政策を打ち立てました。文官が政治を行うようになると文化は大いに栄えましたが、その一方で国力は減退し、金や遼に次々と攻め入られてしまいます。正しい、間違っているは別として、会社が今は東へ、次は西へ、今度は上へ、さらには下へとフラフラするのが一番困ります。継続的変化には主旋律があり、使命感と価値観は変化しません。そこで、「建立自我、追求忘我」と言いたいのです。

何をするにしても、忘我の境地を求めてこそ自我を追求できることに気づくでしょう。この八文字に関しては、私自身はまずまず実現できているのではないかと思います。自我を打ち立てているので、他人が何と言おうと我を忘れて仕事に取り組むことができました。批判されようが褒められようが、アリババの名はアリババのものであり、私のものではありません。

財力、名誉、地位、権力、それが何だというのです。人生の半ばを過ぎて、後半は人生をエンジョイします。これからの十五年、二十年は、中小企業の成長、インターネットの生態系の完成を助けます。蔡崇信に二度も言われた言葉を紹介しましょう。アリババが最も誇るものは何か。上場に成功したこと、中国の、アジアのトップ企業になれたことと言う人は多いでしょう。しかし、何千人もの人を百万長者にしたこと、何十万の企業に利益をもたらしたこと、百万を超える起業家を成功させたことこそが、私たちの誇りなのです。

アリババの馬雲をビル・ゲイツをも超える世界一のリッチマンにするために、今日ここで皆さんに発破をかけているとでも思いましたか。まさか!考えたこともありません。それこそ「ミッション・インポッシブル」です。将来退職したら整形をして、誰も知らない顔になり、裏でアリババをサポートするようになるかもしれません。ビル・ゲイツだって世界一の富豪になって楽しいわけではないでしょう。

自分は馬雲とは違って忘我の境地を求めることなど無理と思っている人がいるかもしれませんが、それは間違いです。物事が分かった日から忘我の境地を追求しはじめてこそ、目的が達せられるのです。散々悪事に手を染めても、後に改心して善人になる人もいます。

人生は短い。一緒に働いている皆さん、私のために働かないでください。おべんちゃらは、私が最も忌み嫌うものです。皆さんが私のために仕事をするだなんて、とても耐えられません。「世の中から難しい仕事をなくす」という使命を共有し、アリババを世界のサイト・トップ一〇へランクインさせましょう。世界インターネット企業三強のうちの一社になりましょう。

使命感のために戦ってこそ良い結果を得られる

世界企業五百位にランクイン、世界のベスト・エンプロイヤーになる、世界三大インターネット企業のうちの一社になる、これは共通の目標です。この目標に向かって仕事を一生懸命に、ハッピーにやることが大切です。アリババ全体が一つの目標に向かって同じ使命感のもとで仕事をする。この価値観を維持してきたからこそ、これまでやってくることができました。これは理論ではなく、アリババに入った多くの人は価値観だの使命感だのは実体のないものだと感じていることでしょう。しかし、この馬雲がいる限り、価値観と使命感、そして目標は金科玉条です。

すべてのことを容認したとしても、共通の目標や価値観に背くことには我慢できません。お互いに腹を探りあった結果、良い会社がダメになってしまった例は星の数ほどもあります。

厳しい話をしますが、価値観、使命感のために戦わなければ、将来の成功などつかめるわけがありません。東へ行くのか、西へ行くのか、CEOとしてその責任は私が負いましょう。アリババ人は会社が社会に危害を加えるようなことをさせません。もし法を曲げるようなことをする人がいたら、刑務所へ行ってもらいます。そんなことにはならないと信じていますがね。

共通の目標のために進んでいきましょう。間違ったら責任をとればいい。誰かに責任を押し付けるような人にはなりたくありませんからね。同じゴールのために一緒に働きましょう。みんなで達成することを決めた目標のために。

アメリカで五、六時間の会議を終えて帰ってきました。行きに十四時間、帰りは十二時間。それでも得たものは大変大きかったです。アメリカの電子商取引ではイーベイが台頭していて、物流、クレジット、支払いのシステムが既に出来上がっています。

アリババは最高のB2Bの会社になり、十年以内に世界最大のインターネット企業となり、アメリカのB2Bを追い越すと話したのは八年前です。ポケベルに失敗したチャイナモバイルが、携帯電話で世界最大の通信企業であるAT&Tを超えるなど、誰が想像したでしょう。でも、実際そうなりました。インターネットは、この中国の大地で必ずや大きな奇跡を起こすことでしょう。

先ほどＳａｖｉｏとなぜ今日この会議を開いたのかについて話しました。創業メンバーがいなければ、今日のアリババはありません。しかし、皆さんのような新しい人がいなければ、世界五百位へのランクインは無理です。皆さんはアリババの希望であり、もしかしたら絶望なのかもしれません。良いものを持ち込んでくれるかもしれませんが、持ち込むのは災難の可能性もあります。午後の会議でＳａｖｉｏは皆さんに彼の経験を話しましたね。彼がアリババに入社した時、どのようにしてチームと打ち解け、他の文化を会社に持ち込んだのか。

他の会社では一千五百元なのに、三千元くれるという会社があれば、これは一大事です。しかし、アリババは彼に心から楽しく仕事をしてほしい。良いアイデアだということが分かれば、すぐに始めてもらいましょう。人事部門で調整してもらえば大丈夫です。常にやりながら、変化しながら進めていくのがアリババの仕事のやり方です。もしやらないとしたら、エレベーターに乗った時に周りの人がハッピーではないと感じることでしょう。同僚や部下と一緒にいることで感じ方が変わってきます。オフィスにこもっておしゃべりもしないようでは、アリババ感覚は味わえません。話題はビジネスに限りません。部下のやっていることを知らず、彼らが謝ってきてからでは遅いのです。

上司を鼓舞せよ

ＣＥＯの役割について牛根生（注39）と話しました。彼が言うには、ＣＥＯは役員が知らないことを彼らに説明する。例えば、衛哲は分からないことを私に聞き、曾鳴も分からない問題を私に相談する。もし私が衛哲の部下のところへ行ったときに、彼らが「Ｂ２Ｂのビジネス開拓部門はどこに設置したらよいか」と質問してきたら、私は衛哲に聞けと答えます。

私が急にビジネス開拓の仕組みに興味を持ったとしたら、ＣＥＯの権限により、社員は一から十まで答えなければなりません。しかし、その部門をどこに設置するかについての指示は出しません。ここに越権行為は存在しません。将軍の下に二十万の軍隊がいたとしても、将軍が指示を出すのは副司令官であり、その他大勢を相手にするのは不可能です。あなたの上司を信じなさい。上司なのですから誰に会うかはその人の自由です。

そして、上司を鼓舞してください。信じているのであれば目をかけてもらって悪いことはありません。もし問題があっても言ってもらえないのであれば、あなたにとっても上司にとっても良くないことです。普段から分かり合っていなければ、話すことなどなくなってしまいます。「目標は達成したか」「はい」これでは何の仕事をしているのか分かりません。管理とは普段からの交流であり、これはアリババの文化の一つです。

もし皆さんがこんなやり方は嫌だと言うのであれば、私のアイデアですから謝ります。それでもアリババ創業初日に作ったのがこの文化なのですから、変えることは不可能です。変えるなら私以外の人にやってもらうしかないでしょう。

継続的に変化し続けましょう。この会社の独特なところを楽しんでください。最近タオバオに起きた問題は何か。皆さんの情報をまとめてください。CEOは三分の二の時間はオフィスにいますが、三分の一は外を出歩いています。

CEOが普段出歩いているのは、大事なことです。歩き回って状況の良し悪しを感じ、鼻をきかせて問題のありそうなところは自分で調査に行かないまでも衛哲に知らせます。

優秀なリーダーは部下に何か問題があるかをよく知っています。たった数人の部下しかいないのに、離婚するまで夫婦仲が悪いことを知らなかったり、辞表を提出するまでその気持ちに気付かなかったりすれば、内心忸怩たる思いをすることになります。アリババを辞めるなら、少なくとも一、二カ月は考えているでしょうから、その間の様子から分かるはずです。理性的に辞職を考えている部下の気持ちが分からないのであれば、間違っているのはあなたで、気づいた時にはもう遅いのです。どうして分からなかったのか、原因をしっかりと究明してください。リーダーは自責の念を持つべきです。聡明な上司は部下にやり方を教え、バカな上司ほど部下をけなすものです。

アリババが面白い会社だと感じてくれているとしたら、うれしく思います。この会社から独自の思想と管理の文化が生まれました。世界各地のフォーラムで胸を張って発言できるのは、私たちアリババは他の誰とも違うからです。人も企業も、個性があってこそ魅力的に感じられるのです。アリババには多くの個性が集い、価値観、使命感、文化、管理の方法を共有しています。これに正しいも間違いもありません。自画自賛で言うのではありませんが、私たちには派閥もありません。

初日に自分をアリババの一兵卒と思うのであれば、そうです。パラシュート部隊のエリートだと思えば、そうです。自分は他の人よりも偉いつもりで、実際は蚊帳の外に置かれたりしたら悲惨です。

自分が何者かを決めるのは自分自身です。これは、アリババだけでなく、他の会社でも同じです。

くどくどと話をしてきましたが、一番言いたいのは、子会社の社長を含めわれわれ創業メンバーは心から皆さんのアリババへの入社を感謝しているということです。アリババは良い会社です。一緒に夢を実現させましょう。

八年前、丸腰でビジネスの世界に飛び込みましたが、今は武器もあり、兵も増えました。皆さんは十八人の創業メンバーや七年前に入社した百人ほどの社員よりもよほど聡明で能力もあります。もし成功できないとしたら、他人を怪しむのではなく、自分に原因を見つけてください。誰に押し付けられたのでもなく、自分で入った会社です。八年間ネットの世界を掘り続けた人もいるのですから、皆さんも一緒に掘ってみましょう。掘って掘って掘りまくったのなら、残念ながら石油は出なかったとしても、水くらいは出るでしょう。一緒に掘ることで会社の中のことを学習し、楽しんでください。皆さんに大いに期待しています。謙虚でいることは、将来の飛躍のための準備です。皆さん、ありがとう！

（注39）中国最大の乳業メーカー「蒙牛乳業」の創始者

2010年5月17日
阿里信用贷款
上线，专注
解决会员
融资问题

第九章——一歩一歩前に進むことで成功をつかむ

2007年11月香港証券市場に上場したアリババは、時価総額200億ドルを超えるインターネット企業となった。大富豪となった社員たちに対し、馬雲氏は傲慢になることなく、会社を信じ、後輩たちにアリババ文化を伝えよと語りかけた。

■二〇〇七年十二月十一日

「五年ビンテージ社員」へセールスについての講話

二〇〇七年十一月六日、アリババは香港株式市場に上場し、中国のインターネット業界初の時価総額二百億ドルの会社となった。百八十四億香港ドル近くを分け合ったアリババの七十%ほどの社員は、みんな「富豪」となった。

昔の万元戸の真似はするな

皆さんを一晩お待たせしてしまい、申し訳ありません。

このところ結構忙しく、北京に四日滞在し、先ほど飛行機から降りたところです。皆さんとお話しする機会を後ろにずらそうとすると一年、二年とずれ込んでしまうかもしれませんので、無理をお願いして一晩待っていただいたのです。

来年の第一四半期は全国のオフィスを見て回ろうかと考えていました。この二年はとても忙しく、これは言い訳ですが、実際本当に忙しいので各地のアリババを訪れる時間が取れていません。皆さんが長い時間、アリババでの仕事をがんばり続けていることに感謝しています。ずいぶん老けてしまった人もいますね。私も老けたでしょう。皆、疲れ切っているけれども、成熟したとも言えますね。

今日は続けることの難しさについてお話したいと思います。アリババの今日までの道のりは決して平坦なものではありませんでした。特に最初に最前線に躍り出て、全国各地の市場を開拓してきた人たちの努力は並大抵のものではありませんでした。アリババが今日のように影響力を持ち、このような売り上げをたたき出すようになったのは、ここにいる部課長の皆さんとそのチームが先頭に立ってがんばった結果です。

皆さんはアリババの大切な背骨です。皆さんが会社に残っているのを見て、多くの人が心強く感じていることでしょう。私もそうです。もし各地のオフィスで皆さんの顔を見ることができれば、アリババはやっていけると感じることでしょう。

新卒で入社してこれまで続いたという人もいるでしょう。他の会社へ行ったとしたらどうですか。もし本当に他の会社へ行かされたら、どうしますか。初日からアリババの文化に触れ、中国のサプライヤーという難しいお客様の相手をしてきました。疲れ、悩み、家族からは恨まれ、多くの誘惑を退けてきたのだと思います。

続けていくことは、本当に楽ではありません。

上場前、アリババ「五年ビンテージ」社員と話した時に、こう言いました。誘惑に打ち勝って五年も働き続けてくれてありがとう、と。実際のところ、ほとんどの「五年ビンテージ」社員が会社に留まったのは先見の明があったわけではなく、当時からB2Bが成功し、アリババがこんなに発展すると考えていたわけでもないでしょう。まあ、他に行くところもないし、アリババもそう悪くはないからという理由で残った人が大半だと思います。自分のことを頭がいいと思って独立創業した人たち、ヘッドハントされた人たちもいましたが、私たちはヘッドハントされなかった、これからもされることもないから残っておけばいいやと考えて留まったのでしょう。

私たちは地に足をつけて黙々と足元の仕事をしっかりとやってきました。五年経って、突然アリババが成功した会社に思えるようになり、人も良ければ会社も良い、気分も良いと感じるのはどうしてでしょう。それは、信じ、努力を続け、誘惑を断ち切ったからに他なりません。

会社がここまでになったのは、確かに社員一人一人の貢献があったからなのですが、貢献はすでに過去のことです。われわれの目指す本当の成功にはまだほど遠いのが現実です。「もういいや」「疲れて死にそう」「別の仕事をやってみよう」「もっと楽な仕事がいいよ」「人生なんてこんなもんさ」。こんな風に考えていたら、七十年代、八十年代の万元戸のようになってしまいますよ。魚の養殖や豚の繁殖で財をなした大家族の人たち。当時の若い女の子はお金持ちの万元戸のところへ嫁に行きたいと考えていたものです。あの万元戸はその後どうなったでしょう。郷鎮企業（人民公社解体後に台頭した地方企業）の発展は早かったけれど、つぶれるのも早かった。

この問題を掘り下げてみましょう。アリババの古参社員の皆さんには当時の万元戸のようになってほしくはないのです。せっかく五年、八年と働いてきたのですから、これからも一緒にやっていきたいと考えています。今回の上場で得たお金を今は大金と思うかもしれませんが、将来振り返ったら大した金額ではありません。私たちはまだ快進撃を繰り広げるのですから。

「百二年続けよう」というのは、ただのスローガンではありません。北京でも、世界のどこかでも、百年続く企業の一番重要な起因はどこにあるのかと、毎日考えています。

アリババはこれから九十四年続けて行かなければなりません。電子商取引でこれから二十年やっていくとしたら、B2Bだけでは足りません。タオバオ、アリペイ、すべてを統合させてこそ、二十年、三十年と走り続けることができるのです。三十年後には何か別の業界、例えばバイオテクノロジーや月の探索へ進出しているかもしれません。その時には私はCEOではないでしょうから、次のCEOがどこへ行くのかは分かりませんが。

しかし、企業文化である価値観は変わりません。三十年後、四十年後に私たちが生きていたとして、その時のＣＥＯは私たちの文化、価値観を受け継いでいるのです。私たちは老人ホームにいるかもしれませんが、それでも自分たちが正しいと思うことをやらなければなりません。

それでも自分は自分

電子商取引なら優秀な会社を生み出すことができると考えたわけですが、今日のアリババの立ち位置を見ると、私たちは運が良かったと言えるでしょう。アリババの生態体系を作り上げ、アリババＢ２Ｂとタオバオという二つの交易市場を立ち上げました。この体系は五年、十年のうちに全国的なビジネス体系となるでしょう。

この体系の立ち上げは、理論上で言えば国がお金を出してやるべき仕事です。しかし、アリババが自分でやりました。もし運が良く、ちゃんと運営することができれば、五年後、十年後には全アジアの電子商取引のインフラとなって、すべての企業がアリババのサービスを受けることになるでしょう。現在アリペイを使っているウェブサイトは四十万。これは大きな威力です。

アリババにはチャンスがあります。

そして、もう一つ。今アリババは中国のどのインターネットの会社よりも現金を持っています。百六十億元を超える備蓄があります。上場したB2Bの五十億元だけで、中国のネット関連会社の第一位です。

そして、中国のインターネット会社で電子商取引に従事している人間は一万二千人。そのうち八千人をアリババが抱えているのです。一万二千の中の八千ですよ。人もあり、金もあるのですから、アリババの立ち位置は悪くありません。中国の電子商取引業界で最高の立ち位置を確保しているB2B、C2Cだけでなく、アリソフト、アリママ（アリババグループの広告会社）も皆好調です。

一生転職しない人は稀です。皆さんも入社した時にはこの会社が時価総額二百億ドルの価値のある大会社になるとは思わなかったでしょう。

アリババは結局どのくらいの価値があるのでしょう。B2Bはどうでしょう。三十元以上の価値があるなんて、夢にも思わないように。私の見るところ十三元五角がいいところです。

どうして十三元五角なのでしょう。何をするにしても理性的に取り組むことが大切です。中国にはアリババよりも売り上げや利益を上げている会社はたくさんあります。QQ

も売り上げや利益が高く、ユーザーも多いのですが、所有する現金は百億ドルしかなく、われわれが保有するのは二百五十億ドルです。世の中のアリババへの期待が高すぎるのです。中国経済も、インターネットも、電子商取引も大変な速度で発展している中で、アリババへの期待がのしかかってきています。

十三元五角を超えた分は期待値であり、期待が大きければ大きいほど失望も大きくなります。

この需要は私たちが作り出したものです。今と五年前の大きな違いは、巨額の現金を保有し、多くの人材を確保しているところです。だからこそ世界中がアリババに注目し始めたのです。これは良いことでしょうか、悪いことでしょうか。何をやっても満足してもらえない、もっとよくできると思われる。もともとは一年に五億を稼ぎ出せば大したものだと言われていたのに、今は五十億でも芸がないと言われるとしたらどうでしょう。

五年前はアリババの社員と言ったら見下されたかもしれませんが、今アリババ「五年ビンテージ」社員だと言ったら、まったく違う目で見られることでしょう。アリババの社員で持ち株がある、百万元も持っているとなれば他人があなたを見る目は変わるかもしれません。しかし、あなた自身は全く変わっていない。自分は自分です。

去年のアリババと今年のアリババのどこが違うのでしょう。時価総額が二百五十億ドルを超えて、すごいことになっているように思えるかもしれませんが、実は去年と大して変わってなどいないのです。皆さん自身と同じです。

時価総額がいくらでも、株価がいくらになっても、自分自身の価値を理性的に知ることが大切です。以前は数少ない株主を満足させればよかったのですが、今は香港だけでも十九万人の株主がアリババ株を保有しているのですから、昨日と同じ自分でも、責任は確実に重くなっています。

アメリカの機関投資家千三百社のうちこれまで中国やアジアの株に手を出したことがなかった六百社が、アリババの株を買うためにアジアへ来たのだそうです。外国人の中国への信頼を勝ち得たのですから、私たちが失敗したとしたら責任重大です。

大富豪になったと思わないでください。その一方で二百五十億ドルの価値止まりだとも考えないでください。それでは、昔の万元戸と同じですから。

本当の成長は社員の成長

本当の成長は社員の成長、皆さんの成長です。

北京で、以前アリババで働いていた人たちと会いました。セールス担当だった彼らは、今副社長クラスの役職に就いています。しかし、独立した四件の会社はどれも成功してはいません。遠くからわざわざあいさつに来て言うには、これは四社目の会社だけれど、前の三社は廃業した。社員は三名で、自分と妻ともう一人だけ。百社の新しい会社のうち九十九社はつぶれ、残りの一社は息も絶え絶え。独立とはこういうものです。

アリババは幸運でした。仕事ができるからうまくいったのでしょうか。私たちより仕事のできる人は大勢いますよ。仕事は大変ですが、もっと大変な仕事をしている人は大勢います。朝早くから暗くなるまで働いても、何もつかめない人も多いのです。

私たちがラッキーだったのは、良いチーム、良い文化、良い業界があったからで、これらが一つになって今日のアリババとなったわけです。これは運です。自分の能力があるなどと考えないように。一歩一歩前へ進むことでしか成功をすることはできません。

皆さんがいたから、私の言った妄言が実現したのです。今までも、そしてこれからも。五年後にアリババは中国の会社では初の世界ランキング五百社入りを果たし、時価総額一兆ドルを超える会社になります。これを現実のものとするために、皆さんに頑張ってもらわなければなりません。そうでなければ、ただの妄言で終わってしまいます。こういったおかしな発言は外へ向かってはしません。以前妄言を吐いた時、私自身は特におかしなことを言ったとは思いませんでした。実際問題、変化の速度が速すぎました。

五年後にはどうなっているでしょう。今日の正確な時価総額を見つめましょう。八十から百億ドルと言ったところです。株価が二十元や十三元まで下がったとしても、慌ててはいけません。最低十三元で底を打ってほしいですがね。アリババの責任は半年や一年のものではなく、五年後に誰がヒーローになるか、そこが問題です。

十年後に自分に恥ずかしくない、チャンスをくれた会社に恥ずかしくないと言えるでしょうか。今回、五年でこのようなことになり、私を含め、自分に恥ずかしくないと言える人はいないでしょう。自分が苦労したから、自分が努力したからこのような富を得ることができたと胸を張って言ったとしたら、それはうわ言に過ぎません。

これからのチャンスを誰もがつかめるわけではない

努力したから、頭が良いから今の成功を収めることができたとは思えません。あの人もこの人も、私たちより頑張っています。自分が偉いのではありません。無数の人の努力、多くの出会い、いろんなことが混ざり合って今日があるのです。

多くのチャンスをつかんだわれわれはバカじゃない。しかし、これからのチャンスを誰もがつかめるのでしょうか。そうとは限らないでしょう。

一つの会社が十五年、二十年と発展していく中で、いろいろな災難を経験してきました。例えばSARSを経験しました。これからの五年はもっと面白くなるでしょう。五年前のアリババはまだ水面下に潜んでいたので、他の人はどんなことになるのか気づきませんでしたが、今や水面に浮き出てきた私たちを弓矢が取り囲んでいるような状態です。これからの十年を狂奔して初めて一生の財を築くことができるのです。

皆さんにとって財産とは何でしょう。五十歳、六十歳になった時に、アリババが世界の大企業に育っていたとしたら、子どもや孫にこう言ってやってください。私が入社したころは、マンションの一室を使っていたけれど、あれから長い時間をかけてここまでになったんだなぁ、と。

こういうプライドは格別なものがあります。トヨタのすごいところは社長ではなく、古参社員の素晴らしさにあります。古参社員一人一人が自分を高めることを怠らないのです。考えてみてください。アメリカ人の独壇場だった自動車業界を、トヨタがすべて打ち負かしてしまったのです。現在、アメリカ最大の自動車会社はトヨタ、ヨーロッパで一番すごいのもトヨタ。それは、トヨタの古参社員が素晴らしいからです。

少なくない古参社員がアリババから去っていきました。皆さんの同期入社がどのくらいいたのか、どのくらい辞めたのか、残った皆さんはどうやってアリババを支え続けてきたのかを考えてください。皆さんの助けがなければ、私たちは新入社員にもう少し頑張れ、あと一歩、もう一年やっていこうとは言えなかったでしょう。会社も今のようにはなっていなかったでしょう。

ここ二年は忙し過ぎて皆さんと会う時間を取れなかったこと、皆さんがつらい思いをしている時に一緒にいることができなかったことを申し訳なく思っています。でも、もう十分大きくなったのですから、傷口は自分で直してください。

テレビ番組「中国で勝つ」の出演者は、応募してきた十四万人を百八人までふるいにかけ、さらに三十六人まで絞ってテレビに出演しますが、社会に出れば全滅です。優勝者も、準優勝の人も、実際にビジネスをするとなればダメでしょうね。

私はいくつも会社を作ってきました。アリババの傘下五社がどれも生き残れるほどラッキーなのはどうしてでしょうか。まるで神様に守られているかのようです。「中国で勝つ」で誰かを助けることができるのも、何か特別なものがアリババを包んでいるからでしょう。残念な目に遭ったときにこそ、その特別な運気が出てくるのです。風水がいいというのなら、風水を信じましょう。運がいいというのなら、確かに私たちは運がいいのです。

でも、他の会社に転職したとしたら、こんなに気分良くは過ごせません。世間のアリババ社員に対する期待値はとても高いのです。あなたが仕事ができるのは、出会いがあり、チームの文化があり、良い上司に恵まれ、良い社長がいて、アリババという素晴らしいブランドがあるからです。これらの要素をまとめてできたのがあなたなのです。

なぜチームの文化を形成するのでしょう。チームの文化とは、すべての人に作用している可能性もあれば、作用していない可能性もあります。もしアリババを去るとしたら大変です。今まで新鮮な空気を吸っていたのに、毒ガスだらけのところへ放り出されるのですから。

もちろん、良いチャンスに恵まれたのなら会社を去るのも結構です。自分の事業を発展させ、家族を養っていくのは当たり前のことです。私が言いたいのは、もし安定した発展、成長を望むのであれば、アリババは良い会社だということです。皆さんの頭に血が上っているのではないかと心配しています。

向かいにある華星楼へ引っ越した時に、下の階に入っていた同業他社が「アリババの社員がこちらに来たら給料を二倍出す」と言い出したことがありました。二倍ではちょっと少ないですね。四倍出してくれるなら私も行くかもしれませんが。それはさておき、どこかの会社が給料を二倍出すといってくるということは、ただ来てくれればいいと思っているわけではありません。四倍、五倍の期待をしているということです。

Ｓａｖｉｏがよく言っています。期待が大きければ失望も大きい。そこに座って何もしない人が必要な会社はありません。古参社員なら「軍功」があるでしょう。ただ、多くの軍功がある軍人は死ぬのもとても早いとは思いませんか。平和な時代になって、老将軍が自分の大手柄を自慢したとしても、今その役職に就けるわけではありません。こういう将軍は三年もすれば淘汰されてしまうでしょう。あなたの手柄は、千二百人の戦友の手柄であり、四つの部隊（会社）が一緒に戦ったからこそ成し得たことなのです。柔軟性、向上心を持ちましょう。

皆さんはセールスの最前線で戦う精鋭部隊です。何年もの間一緒に戦ってきたのは、業績のためだけではありません。自分の持ち場に戻って「二倍稼げ」と部下の尻をたたいてほしいわけではありません。

皆さんに求められているのは、文化を伝えることです。持っている株を子どもや孫に残すとしたら、株価が堅調に推移し続けることを望むとしたら、文化を伝えてください。新人を育てましょう。彼らが皆さんの仕事を支えてくれます。

信じる心がなければ効果なし

子孫に残すアリババ株を数十倍、百倍にするためには、新しい社員に頑張ってもらわなければなりません。若い力は尽きることがありません。教育し、努力させ、手を差し伸べ、自分が学んだ文化を伝えることができれば、自分自身の成長も加速されます。

ここにいる一人一人がやらなければならないことです。

もちろん、アリババに多くの問題があることも分かっています。フィードバックの遅さ、ホームページの問題。電子商取引というものは十年経ったとしても、皆さんが考えているほど良いフィードバックは実現していないでしょう。フィードバックが意味するものとは何でしょう。注文とは利益です。来年の目標である四百万を達成するまでには多くの偶発的な出来事があるでしょう。前へ突き進んでいく中で、一年に一万だったフィードバックが数十万になるかもしれない。顧客が多くなれば、バイヤーも多くなる。バイヤーが多くなれば、サプライヤーも多くなる。大切なのは何と比較するかです。昨日と比べるのか、同業他社と比べるのか、未来と比べるのか。

もちろん、常に改良し続ける必要はあります。今晩なんとか帰ってきたのも、皆さんと交流するためだけではなく、ウェブサイトを向上させるための戦略会議を開くためでもあります。他社と比較してもアリババは多くの資本と能力を備えていますが、実際問題この二つは永遠の矛盾なのです。

信じてこそ効果があるのです。信じなければ効果はありません。会社が努力し続けていることを固く信じてください。この努力はたやすいものではありません。簡単だったらアリババまでチャンスは回ってこなかったでしょう。

サービスが悪いと思うのなら、どんな代価を払っても、ちゃんとしたサービスを提供してください。広告一本打てば解決するような問題ではありません。一歩一歩進んでいくしかないのです。五年、十年の鍛錬が必要でしょう。私たちは多くの失敗をし、回り道をしてきました。貿易会社だとしても同じです。お客様は永遠により良いサービス、より安いコストを求め続けます。不動産を買うのも同じでしょう。家の価格にも値引きの余地があることを、セールスをやったことのある人間だったら皆知っています。

フィードバックが悪いことへの言い訳をしたいわけではありません。もちろんウェブサイトを経営する会社として、取るべき責任を果たしていかなければなりません。

前に一歩進む人は偉大な人

皆さんは信じる心と意志の力によって今日までやってきました。山東省出身の人が辞めた時にこう言ったことをよく覚えています。これから一年の内に山東省で一カ月に五十万ドルを売り上げることができるのだったら、逆立ちして見せますと。目端が利かないとはこのことです。今はどうですか。山東省の売り上げは一日で五十万を超えているでしょう。三、四年前、ある大きな問題がありました。直販方式が拡大していったら、会社の負担になるのではないかと言うのです。当時ＴＣＬや愛多ＶＣＤ（中国広東省のＡＶソフトメーカー）は直売で大きくなりましたが、その後結局直売が原因で骨抜きになってしまいました。アリババは直販には固執せず、新しいスタイルへと転換しました。

当時の討論を思い出すと、一つ間違いがあることが分かります。アリババの直販とＴＣＬの直販は全く違うものなのです。皆さんは中国には十万人が必要だといわれている電子商取引の相談役です。中国には四千万社以上の企業があります。将来、国内流通の電子商取引で一企業が毎月少なくとも五万元は使うとしたらどうでしょう。現在、「信用通（アリババの信用管理システム）」に登録しているのはまだ二千八百社です。

直販の訓練をしなければいけません。当時しっかり話し合わなかったことから、ここ数年は直販に力を入れてきませんでした。皆さん、常勝負けなしのアリババ直販チームを作りましょう。優秀な人材を直販のセールスマンではなく、電子商取引の相談役へと育てていきましょう。ネット上で販促する方法や、ネットでヒットしやすいキーワードの選び方や、ホームページの作り方を教えられる電子商取引の相談役にたたき上げるのです。

衛哲も言っていましたが、世界一流のセールスマンは一年二百万ドルを売り上げるそうです。セールスというこの職業、この業界を選択したのだから世界一のセールスになろうと考え、二百万を売り上げたのだそうです。私たちも直販へ投資していきます。

現在の状況を調整する必要があるかもしれません。載珊（アリババ創始者の一人）が来たら、一緒に変えていきましょう。現在の情勢と向き合い、アリババの長所短所を把握しましょう。皆さんも疲れていると思いますが、私もクタクタです。しかし、ここから先へ一歩でも進まなければなりません。

偉大な人とはどんな人のことでしょう。大変苦しいとき、誰もが死にそうになっているときに歩みを止めない人は、他の人が倒れても立っていることができる人です。大部分の人がお金を手にして道を変えていく中で、この仕事をやっていこうと一歩を踏み出せる人こそが偉大な人なのです。

皆さんは大多数の人よりも偉大です。それは、多くの人が諦めたり止めたりしたことを今も続けているからです。せっかく続けているのですから、前へ進まない道理はありません。

上場前に皆さんのことを一番心配していました。私もそうですが、本当に疲れています。体が疲れている時に、心まで疲れてしまうのはよくありません。行動に現れるからです。仕事も真面目にしないくせに役職ばかり高く、いい車に乗っているなんて陰口をたたかれるようになってしまいます。

そうなってしまうと、会社にとっても痛手です。もし、精も根も尽き果てて普通の人に戻りたくなったら、昔の万元戸のように日々を暮らすために会社に退職願を提出するようなことになったのだとしたら、それもまたいいでしょう。紅軍（中華人民共和国成立前の共産党軍）が草原を進軍している時に、一緒に行くのはやめてその辺の娘を嫁にしてここに住もうと脱落した人もいたでしょう。

いったんドロップアウトしたら、それで終わりです。辞めていった社員たちと皆さんには大きな違いができています。それは金銭の違いではなく、文化の違い、チーム意識の違いです。彼らの能力がどうこういう話ではありません。

私の話はこのくらいにしておきましょう。これまでの数年の努力に感謝申し上げます。これからの道のりはまだまだ長いでしょう。会社を信じ、自分を信じ、私たち（役員）を信じるのであれば、もう五年共に戦うことができます。五年後はどんな会社になっているでしょう。

五年後に退職願を受け取ったら、私は気持ち良く皆さんに辞めていただきます。これからの五年間は若い人たちに業績では負けないように、アリババの文化を新人に伝えるようにしてください。価値を創造し、次に続く者にその精神を伝え続けてください。

私が絶対に正しいとは限りませんが、これだけは言っておきます。アリババは必ずB2Cを立ち上げ、成功させます。CEOとしてやり遂げます。

私がどこへ向かっているのかと聞かれたら、答えようがありません。これはゲームの規則だとか、私の考えだなどと言うかもしれません。私はCEOですが、仕事のやり方は管理システムを飛び越えて、あちこちの部門へ行って、いろいろな人に会っています。

B2Cについてはよく検討したいと考えています。これまでB2Bについては何度も話し合ってきました。皆さん全員が私よりもよく考えているし、知識も豊富、このことにかけている時間が私よりも多いですから、ここで話すのはやめておきましょう。

特に質問がないようでしたら、そろそろ終わりにしましょう。皆さん、ありがとう。いつも申し訳ないと思うのは、毎回話す内容が似てきてしまうことです。実際、七年前に話した内容も、今日の話と似ています。でも、聞いている方は違うはずです。アリババ歴三年の人は三年聞き、五年の人は五年聞いているわけです。アリババの信念をぐるぐると回りながら、人としての道理、仕事の原則について話しています。でも、仕事そのものについては、社員の皆さんの方が私よりよほど上手でしょう。

だから、アリババの希望は皆さんだと言いました。今後もいろいろあると思いますが、「継続的変化」には理由があることを忘れないでください。われわれはクレイジーだが、バカじゃない。社員の運命、顧客の運命、会社の運命をコケにするような自殺行為はしません。

第十章——リーダーに求められる素質

2007年、中国は2008年の北京五輪開催などに向け盛り上がりを見せていたが、一方で国内物価が上昇し、格差社会や資源・環境問題などが浮き彫りとなった。そして、徐々に世界経済に暗雲が立ち込める中、馬雲氏はリーダーに求められる資質について言及した。

■二〇〇八年三月二十八日

湖畔学院での講話

私の追求する「アリババ・テイスト」とは

皆さん、ありがとう。これまでずっとリーダーシップについて議論を深めたいと思っていました。皆さんの話を楽しく聞かせてもらいました。そして、たくさんのアイデアを聞いてワクワクしています。

これまで仕事をしてきた中で、私の考えが正しいのか、皆さんと考えていることが同じなのかどうか、話し合ったことはありませんでしたね。これまで多くのことを話したものの、十分な時間をかけて一緒に整理することはありませんでした。今回、皆さんが抱えている重要な事柄をいったん手放して、リーダーシップについて論じることはとても大切だと思います。

話を聞きながら、私はアリババの未来へ向けた戦略について考え直していました。どのように会社を引っ張っていけばいいのか、どのようなリーダーシップが必要なのか。そして、こんな風に考えるに至りました。プラットホームを作るにしろ、各種の技術を作るにしろ、この世の中におけるすべてのリーダーの最高領域は同じなのだと。

幸いなことに私は多くの優秀なリーダーとお会いしてきました。ノーベル賞の授賞者、クリントン氏のような優秀な大統領、優秀なスポーツ選手、オリンピックの金メダリスト、優秀な芸術家、そしてダボス世界経済フォーラムに参加した時にも多く方々とお会いしました。素朴な農民の人々も含め、彼らには共通している点があります。土地を耕すことに長けた農民と仕事に長けた会社のリーダーは同じ領域にいるのです。同じ領域にいるリーダーたちは、同じ素質と思想を共有しているのです。

ある農民が良い結果を出そうとしたら、やはり優秀なリーダーとなり、農地の作物を管理しなければなりません。どのようにして資源を分配し、いかに他の人との協調を図るかを考えるわけです。皆さんの話を聞いて、必要なのは「どのようなリーダーになるのか」ではなく、すべての物事にリーダーシップが必要であり、同じようにリーダーとしての素質と思想が求められると感じました。

確かに芸術的なリーダーシップや科学的観点に基づいた管理は必要でしょう。人を率いるという行動は一種の芸術である反面、芸術である以上はある種のバランスを維持し続けなければなりません。このバランスという言葉にリーダーとは何かを説明するヒントが多く隠されています。

私はバランスという言葉が好きです。リーダーにとって一番大切な技量は、大極図でいう陰と陽の境界線にあるのでしょう。陰と陽の間にはある種の回転があり、高から低へ、低から高へ、陰が過ぎればすなわち陽となり、陽が過ぎればすなわち陰となります。陰陽の境界線を何と呼べばいいのか分かりませんが、このバランスを取れるかどうかがリーダーにとって大切なポイントなのです。

皆さんは先ほど、リーダーの魅力とは何かについて話し合いましたね。例えばユーモア。現代社会においてユーモアは、リーダーや政治家に最も期待されている資質です。しかし、誰もがユーモアを持ち合わせているわけではありません。まったくユーモアを解さない人にユーモアを習得させるのは、あまりユーモラスな仕事とは言えません。

農民から企業経営者や大統領まで、多くのリーダーには共通点があります。自分自身というものを持ち、実直で自立した人間であるということです。実直な人間とは虚勢を張ることをせず、昨日と同じ今日を生きている普通の人のことです。

ここまで話して、私が追求している「アリババ・テイスト」とは何か、今突然ひらめきました。クリントンという偉大な人物と話した時、彼の目は私を見つめ、一般人のように私の話を聞いてくれました。「彼」を「自分」と置き換えてみてください。私たちが人を斜に構えて見たり、いい加減に話を聞いたりしたのでは永遠にダメだということです。

優秀なリーダーはどんなシーンにおいても自分自身であり、偽りのない気持ちを表し、間違ったことがあってもそこから逃げません。自分をネタにする度量を持っていれば、恐れることなど何もありません。自分が自分自身であることが大切なのです。虚勢を張ったが最後、心の平安を取り戻すのは容易ではなくなるでしょう。

「素養」とは何でしょう。自分自身であることを大切にし、口下手でも自分の考えを真摯に伝えることです。表現に自信がないことから説明がダラダラ長くなるのは悪循環です。自分が何者なのかを把握し、行動を起こすときに自分の性格を理解し、変化を恐れなければ、自分の持っているものを存分に表現することができるでしょう。

口下手な人でも、個性的な魅力を発揮して世界を魅了することも可能です。クリントン氏を真似るのは無意味で、不可能なことです。仕事の貴賤を問わず、大統領であっても、赤貧洗うがごとき身であっても、あなたは、あなた以外の誰でもないということ。これこそが、リーダーの魅力なのです。

広大な宇宙を見れば、先を見通すことができる

ここに「スーパー伯楽」「勇気と堅持」といったスローガンが掲げられています。私自身もリーダーシップの最も重要な要素は、見識と度量、そして実力だと考えています。見識とは先々を見通す力、すなわち先見のことですが、これをどう理解すればよいのでしょうか。私自身も考え続けています。多くの人は優秀なリーダーは未来の光を予見できていなければならないと考えています。しかし、これは社会の動きの中におけるバランス感覚の一種なのです。他人が低迷しているときに一筋の光を見通し、人々が驕り高ぶっているときに災難の到来を予測できれば、この「バランス感覚」を会得したと言えるでしょう。

いつ良いことについて話し、いつ悪いことについて話すのかを見極めるのが見識であり先見です。先見とは、優秀な船長にとって最も大切な能力で、いつ嵐が来るのかを船員へ告げることができるのは、彼の経験、見識、先見があるからです。さまざまな角度から見て、他の人よりもより遠く、広く、長く、独特な見方をできることが最も肝心な点です。

商鞅（注40）が改革をした時には人々から非難されました。王安石（注41）が改革をした時も同様です。しかし、商鞅が改革をしたことで、秦の国に変化が起きました。王安石が法改正をしたことによって、宋朝に変化が起き、その後の時代にも変化をもたらしまし

た。歴史の一事件も、長く大きな見識で見通すことが大切です。

視野、視点をさらに広く、遠く、深く、独自のものにすることで、チャンスをつかむことができるのです。みんなが見えるもののどこにチャンスがあるのでしょうか。だから私は、リーダーにとって何万冊の本を読むことよりも、万里の道を行く方がよほど大切だと言うのです。全世界を旅してみて、自分が全くもって小さな存在であると感じました。

皆さんは、自分のオフィスで同僚や部下を前にして「俺たちはすごいなぁ」なんて思っていませんか。もっと広い視点で見回してみれば、自分が「井の中の蛙」だと分かるはずです。ロンドンのグリニッチ天文台で、私は自分がどんなに小さな存在なのかを思い知りました。あまりにも広大な宇宙において、地球なんて埃の一粒のようなもので、見つけることすらできません。地球が見つからないのですから、そこに住む人など問題にもなりません。このように考えることができれば、見識を得ることができるでしょう。

（注40）中国戦国時代の秦国の政治家。国政改革を行い天下統一の礎を築いたが、周囲の反感を買い処刑された
（注41）中国北宋の政治家。政治改革を行ったが周囲の反感を買って左遷され、辞職へと追い込まれた

度量の中身は使命感

さて、度量について話しましょう。これは答えの出ない命題です。先ほどリーダーには大きな度量が必要だと言いましたが、「度量のある男ははめられやすい」という言葉もあります。なぜ度量の大きい人もいれば、小さい人もいるのでしょう。私の見るところ、強烈な使命感がある人は、上の人間にガミガミ言われても気にすることはないようです。

ここがポイントです。度量の二文字の中にあるのは使命感なのです。使命感があるから度量を持つことができる。他人が何を言っても、自分が何をしているのかは自分が知っているし、必ずやり遂げる。もし私がものすごく大きな度量を持っていたら、人類を変えたい、誰かに影響を与え、助けたい、こんな使命感を持つでしょう。こんな風に前向きに走っているときに、例えば今風の言葉で言えば「天然」と言われてしまうわけです。他人から見て「天然」であっても、当の本人の意志はとても固い。度量というものは、誰かの評価など気にしていたら持てません。誰かが陥れようとしていても気にしない人は、強烈な意志の力で生き抜き、他人を変え、社会を良くしていく。これこそが度量を持ったリーダーなのです。

では、次に実力について話しましょう。今日見たスローガンに「勇気と堅持」というものがありました。以前にも言いましたが、実力とは攻撃に屈しない能力のことです。どんなに殴られてもダウンせずに、明日また来るような。そう実力とは一種の「勇気と堅持」であると言えます。実力がある人は肝が据わっているから、勇気を持って踏み出すことができるのです。

実力があるから勇気を持てる。使命感があるから堅持できる。他の人よりも遠くを見、他人が見たことのない角度で見ているからこそ、前進し続けることができるのです。ある高みにまで上るためには、プレッシャーの中でがんばり続ける勇気を持てるかどうかが大事です。これも、リーダーにとって大切なことです。

例えば、SARSが爆発的に流行した時、まるでこの世の終わりが訪れて、明日にも会社が潰れるのではないかという大きなプレッシャーをアリババ全体が感じていました。われわれアリババがこの時ほど強力なリーダーシップを発揮したことはありませんでした。当時「お客様を忘れるな」「前進し続けよう」と言いましたね。全くあの時は宇宙人が地球に攻めてきたかのような戦いでした。

リーダーには、プレッシャー以外に誘惑もあります。昨日、衛哲と話したのですが、わが社の株式上場の時、資金のある限り、すべての割り当て購入量一八〇〇億ドルという金額を買い入れました。十八元、十九元あたりで売り抜けることもできたのです。一元多く売れば一億ドルが手に入る。つまりアリババ川の対岸にある十三万平米を買い足すことができるのです。この誘惑を前にして、使命感を持ち続けることができますか。多くの人が誘惑に屈し、プレッシャーに潰されてしまいます。

リーダーシップの最終的な実力は、勇気と堅持だと言えるでしょう。本物の将軍はここぞという時に現れるのです。敵を破り、隙をついて勝ち進んでいる時、将軍の勇気やリーダーシップの本質は見えません。撤退する時にこそ、誰が優れた将軍なのかが分かるのです。撤退する時に、プレッシャーや誘惑を前にして、理想を貫き通すことができるかどうかなのです。

タオバオは五年間無料サービスを続けました。一つはわれわれの約束を実現させるため。もう一つは、B2C、C2Cの市場が大きいことは分かっていたので、市場を占有する必要があったからです。この誘惑、プレッシャーを前にして、「なんだ、アリババは金儲けの仕方を知らないんだな」「バカじゃなかろうか」という声まで聞こえてきました。それが何だと言うのでしょう。

われわれが見ているのはもっと遠くなのです。われわれの使命は金儲けじゃない、百万人の雇用機会を作り、無数の人間の運命を変えることです。だからそんな声には断固「NO！」と言い、自分の考えを貫き通しました。勇気は自分の使命が何なのかを教えてくれます。まずは自分をよく知ること。ただし、思い上がりは禁物ですけどね。

サラリーマンの到達すべき境地は「成長人」

次はチームの協力について話しましょう。周りの人がいいと言う時、みんながあなたを認める時は問題が出やすい時です。周りにいる人が自分の仕事の結果に大きな影響を及ぼしているのです。クリントンは経済学者に囲まれているのが好きで、喧嘩は嫌い。一方、ブッシュはパウエルという参謀を国務長官に任命したほか、ラムズフェルドも皆軍人です。分かりますよね。そういう人たちに囲まれているから、それなりの決定を下すのです。

もし、リーダーに強い使命感がなく、度量も見識も、実力さえなかったとしたら、どんどん周りの人の影響を受けていくことになるでしょう。もちろん、これは本人の責任です。リーダーシップはもともと持っているものではありません。多くの戦いを潜り抜けることで、だんだんと身に付くのです。

忘れてはいけないのは、リーダーも普通の人間だということです。時に人々はリーダーを神格化しますが、この「神」は、いつかは祭壇から引きずり下ろされるのです。どこにも神などいやしない。神は他人ではなく、想像の産物です。後光の射す神よりも、普通の人間にこそ魅力があるのです。

今日は、皆さん一人一人に自分が自分自身であることを分かっていただきたい。人は自分が自分自身であるときに初めて、自信が持てるようになるのです。他人の言うことなど気にしてはダメです。「堅物でユーモアのかけらもないけれど、本物だ。この人と一緒に仕事したい」「楽しい人だけど、やるときにはやる、この人と一緒に仕事したい」どちらでもいいのです。リーダーになるためには、まず自分自身であることが大切です。

今日は良いスピーチをたくさん聞くことができました。一番気に入った「スーパー伯楽」についてぜひお話ししたいと思います。私こそ、その「スーパー伯楽」だと思うからです。大学の教師を六年半やっている間、一番印象に残っていること、私が一つだけ誇れることは何だと思いますか。それは教師の言うところの「青は藍より出でて藍より青し」です。

学生を愛するからこそ、教師は彼らに自分を超えてほしいと思うのです。担任を持った教師、いや、教師をやったことがある人であれば誰もが生徒にいつか自分を超えてほしいと思い続けます。だから「あの生徒は市長になった」「この生徒は大きな会社の社長になった」「その生徒はノーベル賞を取れそうだ」などと自慢するのです。

チームも同じです。リーダーは同じチームのスタッフが自分を超えることを望むべきです。先生と生徒を比較してはいけません。学生はいつも何か新しいものを持っています。例えば今流行している火星文字（ギャル文字）は、先生が見ても何のことやら分からないでしょう。ましてや、アリババに入ってくる人は子どもではありませんから。

サラリーマンが到達する最高の境地は「成長する人」だと思います。「管理者のプロ」と「リーダー」は何が違うのでしょう。良い人材を雇用し、適した職責を任せるというのは当たり前。雇用された人が仕事をしていく中で育てられ、どんどん成長する。これこそが、私たちが、少なくとも私はなかなか達することができずにいる最高の境地ではないでしょうか。

今、わが社は多くの社員を抱えていますが、会社で仕事をしているうちに多くの人が燃え尽きてしまい、体もやられ、精神もやられ、技能すらもやられてしまいます。まだ「育てる」ところまできていません。仕事をさせていく過程において、あるべき姿へ育てていく。これこそが「スーパー伯楽」です。

教師をしてきた経験から言いますが、自分自身であるためには、人は多くの間違いを犯します。私をよく知る人は「この人は本当に寛容だ」と言うでしょう。しかし、物事はあまねく二層構造になっています。見たところ問題ないと思えても、拡大鏡をのぞいてみると、問題がゴロゴロ転がっていたりする。例えば私は腹を立てると物を言わなくなるので、遠くから見ても怒っていることに気づく人はあまりいません。でも、実際に近づいてみたら雰囲気で私の気持ちを察することができるかもしれません。

ですから、このチームには感謝しているんです。彼らは私よりもずっと度量が広い。私はCEOですから、社員が私に合わせるべきで、私が社員に合わせることはありません。だから彼らは私よりも度量が広いと言うのです。部下はあなたより度量が広いのです。お前の度量がどうだこうだと説教をする必要はありません。彼らは部下で、あなたはボス。部下がボスに合わせるのであって、ボスが部下に合わせてはだめなのです。こんな風に考えれば、心が軽くなるでしょう。

怒りを爆発させた後、冷静になってみると後悔したりしますが、普通それを口にするのは難しいものです。謝ることを習得すれば、それは進歩につながります。よく言うのですが、成功しようと思ったら、あきらめてはだめです。その一方、あきらめを習得した時が進歩の始まりと見ることもできます。いつがんばり、いつあきらめ、いつ後戻りするのか、これはすべてバランス感覚なのです。

日が昇ったら傘を買え

リーダーの妙義、これをバランスの妙義と仮定しますが、実際にはあきらめるかあきらめないか、肝心な時に何をするかという判断力です。とても難しい。五年前アリババはあだこうだと言っていましたが、今になって「五年はやり続けると言ったのに、また変わるのか」と言われるかもしれません。

さぁ、「変化を抱く」ことについて話しましょう。「創造」という言葉を皆さんはよく知っていると思います。全世界、全中国が「創造」を話題にしていますが、さて「創造」とは何でしょうか。あなたは「創造」しましたか。あなたが何かを成し終えた後で、人々は言うでしょう。「わぁ！創造的！」と。「創造」はやり終えて初めて見えてくるのでしょうか。何かしている時に、自分が「創造」していることを自覚しているのでしょうか。実際のところ「創造」とは変化を求める一本の道のことです。

私の理想は、変化を作り出し、継続的に変化することです。個人的な見解ですが、アリババの最大の特徴は、数年にわたって継続的に変化してきたことだと考えています。人、特に既得権益を持つ人は変化を恐れます。人々は変化に慣れこそしますが、アリババは違います。行き過ぎた表現かもしれませんが、これを「継続的変化」と呼びたい。

変化とは難しいことです。特に良いときに変わろうとするのは、もっと難しい。良くないときに変わるのも大変です。危機が発生したから新しいCEOを探せ、救いの星を見つけろと言っても無理な話です。救いの星はあちこちにあるものではありません。日がさんさんと照っているときに道を修繕しておけば、雨風に襲われても準備は万全。つまり「日が昇ったら傘を買え」ということです。

継続的に変化することは、ある種の境地、ある種の創造です。継続的に変化すれば、常に変化を創造することになります。変化のために変わるようなこともあるかもしれませんが、空気がおかしいことに他人より早く気づけることのほうが大切です。創造の中にある災難を回避し、創造の中のチャンスをつかむためには、常に調整し続けなければなりません。継続的に変化するときに一番大切なこと。皆さんよく理解してくださいね。それは継続する変化は悪い変化ではだめだということです。災難の予測や、良くなる趨勢の予測でなければいけません。

継続的に変化することは創造や危機感を体現することですから、簡単ではありません。一つも変化していない、創造していない人は危機感のない人です。変化も創造せずに自分を変えようとする人は、創造的なことなどできやしない。変化こそが創造を体現できる手段なのです。

残念なことに、その過程において多くの人が変化のための変化と受け止めるようになってしまいます。変化をリーダーへ責任を押し付ける口実に使ったり、自分の失敗の言い訳に使ったりするようになります。先ほどから話しているように、創造に代償はつきものです。リーダーは失敗してはいけないとでも思っているのでしょうか。

人の上に立つとき、未来に何が起こるかなど分からないのですから、前へ進むしかありません。いいえ、そうではない。人の上に立つなら自分で自分に二つもビンタを食らわせ、鼻血を流しながら「自分が間違った」と言い、さらに二発（注42）。死にもの狂いなら、この時やれ魅力だ、基本的尊厳だなどといったものは要らないはず。「継続的変化」はアリババの五大価値観の中でも特に他社とは違う独自のものです。

最後に、簡単にまとめましょう。リーダーに必要なのは見識、度量と実力。さらにチームの価値を加えたものがリーダーシップだと私は理解しています。今日は私の考えも加えて、引き続き討論しましょう。リーダーシップは永遠のテーマであり、育てることができるものです。今日の私と十五年前の私は全く別のものだと強く感じています。このことを皆さんにお話ししたかったのです。

（注42）中国では自分が間違っていたときに、自分の顔をたたいたり、真似することがある

中小企业实时贸易洽谈分布图
小企业贷款

第十一章 インターネットは新しい技術ではなく、新しい欲望である

2008年に入ると、アリババは他業種との交流を頻繁に行うようになった。馬雲氏は中国最大の乳業メーカー「蒙牛乳業」で講演を行い、伝統産業と新興産業であるネット産業のスピード感の違いについて触れている。

■二〇〇八年四月十七日

蒙牛グループ歓迎会での講話

この一年、アリババと蒙牛は頻繁に交流している。双方の経営陣は社員を率いて互いの会社を訪問し合っている。両社は別の業界に所属しているが、よく似た来歴を持ち合わせている。

世界最高の商業モデルは国家である

蒙牛は独特なビジネス手法で知られていますね。その一方で、私のことは知っていてもアリババや電子商取引と結びつく人は少ないようです。

私がテレビ番組「中国で勝つ」で話すことを多くの人は素晴らしいと言ってくれますが、結局アリババが何なのかを分かっていない。これは大問題です。アリババ社員は、蒙牛の皆さんが牛乳について明確に話すように、アリババについて明確に説明できなければいけません。どうすればアリババのアイデアの素晴らしさを広めることができるか、蒙牛の皆さんから学びたいと考えています。

商業モデルとしてアリババが良いのか蒙牛が良いのかと聞かれたら、少し考えてからこう答えるでしょう。世界最高の商業モデルは国家だと。国家は一つの会社のようなものです。

もちろん国家を好き勝手に設立することはできませんが、ネット上のバーチャル空間なら可能です。

国家とはどのように生まれるのでしょうか。例えば、川沿いに多くの人が集まり交易を行っているとしましょう。鶏を米と交換しようとしたら交渉が難航。誰もはっきりしたことが言えないので、世話役を探してきて解決を頼みました。その世話役が裁判官になり、国家が生まれるというわけです。

世話役におばさんが「あんた間違ってるわよ、私のいうことを聞きなさい」と食ってかかりました。そこで世話役が連れてきた強面の男二人がおばさんをつかまえたのが警察の始まりです。裁判所と警察ができたら、残るは法律です。毎日もめ事ばかりでは面倒くさくてしかたがないので、商売はこうやれという決まりを作ったのが法律です。これで都市の形は整い、商業も栄え、生活も豊かになりました。豊かになると、今度は富の奪い合いが起こります。遠くの村から盗賊がやってきたとなれば、今度は軍隊が必要です。城壁で街を囲って、監獄も完備。王様が出てきて「民よ、おまえたちを守るために軍隊と城壁を作った。制度も整えた。そのかわりに税を支払いなさい」と言いました。こんなに素晴らしい商業モデルを現実に作るのは無理でしょう。

しかし、バーチャルの世界であればできてしまいます。アリババは売ったり買ったりする空間ですが、制度を決めるのは私たちで、文句がある人は出て行ってもらいます。そういう人はここで商売をすることはできません。ネット上にはハッカー部隊が出現し、応戦することもありますから、これを「国家」と呼んでもいいでしょう。タオバオは七千万のユーザーを抱え、この人数はオーストラリアの人口二千万を軽く凌駕しています。このタオバオの制度を決めるのは、もちろんタオバオ自身です。

タオバオ総会を開催し、重要な決定は投票で決め、いったん決議が取られたらその決定を「法律」と見なして守るのです。仕事が多くなっても、投資が多くなっても、ユーザーの皆さんに安心してお支払いいただけるためですから厭いません。脱税や申告漏れも厳しく追及します。商取引は国を超えて行われます。現在アリババでは二百の国と地域にまたがった三百万を超える中小企業が登録しています。将来的には、アリババが交易をこれまでよりもさらに公平にしたとの評価を得ることになるかもしれません。

ネット上の市場と現実のものとは違います。現実世界では、ドバイには素晴らしいマーケットがあるからビジネスをしたいと考えても、距離的な問題もあり簡単には実現できません。ネットならマウスをクリックすれば、すぐにドバイへ商品供給することも可能です。

バイヤーが多くなればサプライヤーも多くなり、サプライヤーが多くなればバイヤーも多くなり、制度も日増しに整っていきます。現実社会は国によってまとめられていますが、バーチャルな世界ではビジネスでまとまるグローバルな世界です。あなたがどの国にいる人であっても、「マネー」という基準を満たせば、アリババでのビジネスは可能なのです。

トップに立てば影響力も大きくなり、市場規模も大きくなります。義烏の雑貨市場はどうして成功したのでしょう。まずスタートが早かったので、バイヤーもサプライヤーもどんどん集まったことがあるでしょう。ブースにシートを敷いたらそこで商売を始められる手軽さで、次には椅子や机も持ち込まれるようになりました。義烏の隣に、義烏よりも豊かで地の利も良い東陽という町があります。義烏と同規模の市場を作り、商談室には革張りソファも置き、コンピューターも使えるようにしましたが、結局、東陽は義烏には勝てませんでした。それは、バイヤーたちは革張りソファに座りに来るのではなく、サプライヤーを、取引先を探しに来るからです。

インターネットの三つの役割

ネットはもっと恐ろしいところです。アリババでは二十年、三十年後には誰もがネットショッピングをするだろうと想定しています。蒙牛の牛乳もネット上で注文できるようになるでしょう。蒙牛の皆さんが一番関心を持っているのは注文に対してきちんと支払われるかでしょう。お客様にしてみれば、蒙牛の牛乳を飲むことができれば、誰が持って来るのかは関係なく、今日注文して明日の午後に届くのであれば問題ないのです。

そのころにはビジネス全体の八〇%はネット上で行われるようになるでしょう。皆さんが信じるかどうかは分かりませんが、二十年後の人類社会において、大部分のビジネスパートナーとはネットでつながり、営業から支払い、広告まで行うようになると私は考えています。

インターネットは主に三つの重要な役割があります。それは中国でも世界でも同じです。一つ目はイデオロギーです。これは新浪、捜狐、網易といったポータルサイトやアメリカで始まったフェイスブックなどのSNS（ソーシャル・ネットワーキング・サービス）に代表されるものです。インターネットはグローバル化すべきだと考えていますが、イデオロギーのグローバル化は難しいでしょう。特に中国においてイデオロギーは敏感な問題ですから、ポータルサイトはやらないほうが良さそうです。

二つ目は娯楽です。人間に娯楽は必要ですが、娯楽のために生きているのではありません。子どもに毎日ゲームをさせていたら、勉強する暇もないうちに大きくなってしまいます。陳天橋（注43）はゲームでがんばっていますが、インターネット関連会社の九割がゲームを手掛けても、私はやりません。

最後の電子商取引が一番難しいものですが、私たちは必ずやり遂げます。中国には電子商取引の基本的要素であるクレジット機能や銀行の支払制度が整っていないので、やるのは無理だという人もいます。しかし、中国が最も重要な要素を持っていることを見逃してはいませんか。人類が遊んでも遊びきれない永遠のゲーム、それはビジネスなのですから。

（注43）中国ネットゲーム会社大手・上海盛大網絡の創始者

現代において人口は資源の一つ

インターネット人口が増えれば大丈夫です。世界的には人口の増大は大きな負担ですが、現代において人口は資源の一つであるとも考えられます。オーストラリアは豊富な鉱産物を保有していますが、人口はたったの二千万人で、経済も停滞しています。中国の人口は十三億人。蒙牛にとって最大の資源は十三億の人民でしょう。二千万人しかいなかったら商売になりません。人口が多いからこそ、巨大な乳業メーカーが誕生したのです。

インターネットには十三億人の支持が必要です。中国にインターネットのインフラがないのなら、私たちがやるまでです。蒙牛も設立当初は小さな会社でした。アリババも九年前の設立当初は、自分たちが中国の電子商取引のインフラを築くことになろうとは思いもしませんでした。もし私たちが不動産の開発会社だとしたら、水道と電気とガスの三つを整備するでしょう。これがインフラの概念です。

今後数年の間に電子商取引を始めるすべての伝統企業の皆さんには、ぜひアリババにお申し付けいただきたいものです。アリババは水、電気、ガスに相当するページビューを提供します。

アリババには二千万の中小企業が登録し、タオバオのユーザーは七千万です。もし消費者へ商品を売りたいのならば、タオバオに載せれば七千万のユーザーがそれに触れることができます。卸売りならアリババへどうぞ。これが「水」です。電気は支払いです。ページビューが上がれば、次に気になるのは支払い方法です。銀行はやってくれません。アリババがあなたに代わって代金を徴収しましょう。

上に建っているのが豪邸か、マンションか、はたまた貧民窟かに関わらず、インフラは提供されます。電子商取引のためのサイトで何をやるか、誰にやらせるか、違っていて当たり前です。インフラを整備するにあたって、大切なのはページビューと支払い保証システムです。アリペイはそれを作り上げることを目的として設立されました。アリペイを使ってビジネスを三年もしてみれば誰もがその信頼度を保証してくれるでしょう。悪口を言う人がいても、過去の履歴を見ればその実力は歴然としています。

私たちはざっとこんな仕事をしています。もう一つ、蒙牛で学んだことをお話ししましょう。会社が大きくなると、リスクの心配をしなければならなくなります。乳業メーカーにとっては食品衛生の問題にかなり気を使っていることと思います。私たちにとって心配なのは自社のビジネスモデルです。

強いものはより強くなる傾向にあります。気が付いたら同業他社を殲滅してしまい、五年後には独占状態になるかもしれません。これを一番恐れています。独占したいのではなく、インターネットの特性で他を滅ぼしてしまうかもしれないのです。インターネットは透明性、公平性、分かち合い、責任で成り立っています。自ら多くのライバルを引き入れ、多くの産業とリンクし、サービス会社も招いてより多くの人に儲けてもらえるようにしなければなりません。蒙牛を潰したいと考えたら、先に酪農家二百万人を倒せというのと同じ道理です。

アリババでは顧客第一、社員第二、株主第三を企業文化として掲げています。今もう一つ加えて、顧客第一、ビジネスパートナー第二、社員第三、株主第四とすれば、完璧です。ビジネスパートナーを加えたのは蒙牛で生態系や産業とのリンクを学んだからです。自分だけが富を独占するのは、自分にとっても良くないことだと分かりました。

これから先、数年の経済情勢はまだ波乱含みでしょう。業界のプラットホームを一つにすれば、コストは下がります。電子商取引のコストを下げ、効率を上げるためには統一規格が必要です。この規格を制したものが勝者となります。

既存の業種がインターネットに進出すると、大抵は失敗する

ここにいる最高幹部を含め、アリババ人には使命感、価値観という共通した目標があります。私たちが社会に悪影響を与えようと考えたら簡単です。B2Bのサイトを突然閉めたら、六十万の企業が潰れてしまい、一社あたり社員が十人いるとして六百万の家族が路

頭に迷ってしまいます。ですから使命感を持ち、社会責任を感じ、価値観をもって仕事に当たらなければ大きな問題を引き起こしかねません。企業として文化を具現化していく使命を守っていけるかどうかが大切です。

家電量販店が来店者数を一万人増やそうと思ったら、店を増やし、配送システムを変更するなどたくさんの仕事がありますが、アリババがお客様を一万人増やそうとするなら、コンピューター一台と二千元もあれば十分です。実店舗であれば店を作ったもののお客様が来なかったり、家賃が高すぎたりすることもあります。お客様にしても店へ行くために車を出したりして費用がかかります。だからこそ全世界のお店がすべてあるアリババへ行ってみたいと思いませんか。

最近注目しているのが、ネットショッピングはリアル店舗でのショッピングよりもずっと楽しいという事実です。一年ほど前に龍永図（注44）と賭けをしました。彼が言うには「ネットショッピングがいいのは分かるけど、買い物するなら実際に店へ行くほうがいいでしょう。女性はあちこちの店を冷やかすのが大好きですからね」。しかし友よ、時代は移り変わるのです。

今や、女性がショッピングサイトを見始めると、素敵な音楽が流れ始め、違う店へ行けば別の音楽を聴くことができます。店内は３Ｄの動画。まるで自分が試着しているような感覚で、店員とおしゃべりしながら服を選べます。蒙牛の牛小屋へ行って乳搾りをするもよし、牧場へ行ってみるもよし。何でもできます。

これらは現実社会にはないものばかりです。以前は遠く感じていたことも、実現可能な世の中になりました。四十歳以上のオジサンを説得するなどムダなこと。皆さんはネットショップのお客様ではありませんから、今日家に帰ってネットで買い物しろなどと言っても無理でしょう。この仕事を九年もやっている私自身、ネットで物を買いませんが、妻や子どもは始終買い物をしています。

だまされるのが怖いですか。「防人之心不可無、害人之心不可有（注45）」で、ネット上の人々はかなり善良です。十七、十八歳の人にとってネットは生まれた時からあるもので、ネット上でバスケット、アニメ、漫画、世界平和、エコロジーに触れるのは当たり前のことです。まさにインターネット世代。生まれた時から共産党教育の洗礼を受け、階級闘争に触れてきたのと同じことです。この世代は違います。まったく違う。

子どもたちにインターネットでの誠実さ、透明性、責任そして分かち合いの精神を享受させなければいけません。子どもたちは私たち大人よりもはるかにインターネットの精神を享受しています。二十歳の彼らは私たちの未来です。私たちももっと早くからネットショッピングすべきでしたよ。

ここにいるほとんどの方は、蒙牛のサイトを早く作りインターネットで販売しなければ売り上げを落としてしまうと考えていることと思います。しかし、社長は直販が一番いいと考えているはずです。もし本当にインターネットで販売したいと思うのならば、若者や新しいチームに社長を説得させるといいでしょう。三年以内には実現すると思われます。

伝統的な業種がインターネットに手を出すと九九％が失敗します。例えば、ウォルマート。世界的な大企業で、どの会社よりも品ぞろえもボリュームも多いのに、なぜB２Bの電子商取引では失敗したのでしょう。二十数人の取締役が会議を開いて、こんな話をしたのでしょう。アマゾンがたった数年で驚異の成長を遂げ、イーベイもどんどん大きくなっているらしい。ウォルマートは追い抜かれるのか？まさか！何千万の品ぞろえがあり、豊かな財源、セールスの人材も厚く、足りないものなどないじゃないか。社員一同団結して五億ドルの投資をすれば、すぐにも取り返せるさ、と。

もしタオバオで蒙牛の商品を販売する、もしくはアリババで営業をするのであれば、新しいチームを設立してください。さもなければ、無理、不可能です。初日からつまずき、必ず失敗します。

（注44）博鰲アジアフォーラム秘書長。対外貿易経済協力部時代、主席交渉代表として中国のW

ＴＯ加盟を成功させたことで有名

（注45）「菜根譚前集129」より。『人を害する心はあるべからず、人を防ぐ心は無かるべからず』。人に害を加える心を持ってはならないが、人から害を加えられるのを防ぐ心がけはなくしてはいけないの意

全く違う種類の生き物

広東省にある、中国第二の玩具メーカーの社長が、インターネットでおもちゃを売りたいと言ってきたことがあります。輸出には少々問題があるので、タオバオで売りたいとのことでしたが、一日二、三個しか売れません。その一方で、この会社から同じおもちゃを仕入れて同じくタオバオで売っている女の子は、一日七十個も八十個も売っています。自分の商品を彼女より安く出しているのに、なぜ負けるのか、社長は納得がいきません。その社長の売り方はこうです。「値段は十五元、買いたきゃ買いな」。女の子の方は「お兄さん、十五元でいいわよ」。お客様は喜んで買いますから、すぐに売れてしまいます。

ネット世代はまったく違う方法、まったく違う種類の生き物です。伝統的な方法と若い

人の売り方は全く違います。新興人類です。インターネットで使われている言語を聞いてもオジサンはちんぷんかんぷんですが、若者同士にとっては共通言語でよく通じているのです。インターネットで売りたいのならば、玩具メーカーはこの女の子に代理店になってもらった方がいいでしょう。

多くの伝統的な業種は新しいものを試したいと考えますが、成功している人ほどインターネットでの失敗に意固地になってしまい、「百戦錬磨の俺様にとって、これしきの痛みが何だ」と頑張ってしまって傷を深め、結局立ち上がれなくなってしまうことがよくあります。

もう一つ、大きな変化があります。二十年前の若者は両親を説得しなければ物事を進めることができませんでした。結婚でもなんでもそうです。私たちの時代は、親に言われて子どもは嫌とは言えませんでしたよね。よくたたかれましたし。

今は、誰が大切かといえば、子どもが一番大切な時代です。これまで会った政府や銀行のお偉いさんに「タオバオがいいと、うちの子が言っています」と言われてきましたが、彼ら自身はタオバオで買い物をしたことなど一度もないでしょう。年配の女性がある日突然おしゃれな服を着ていたので聞いてみると、子どもが買ったと答えます。今の時代、誰が子どもをたたくでしょう。時代の流れを教えてくれるのは子どもなのです。私の子どもも子どものころからインターネットはこういうものだとして育っています。

私たちにとってインターネットはハイテクですが、子どもたちにとってはハイテクでもなんでもありません。私の祖母はカラーテレビをハイテクだと思っていますからね。著しく変化する現代、昨日の成功は今日の失敗の始まりかもしれません。私は毎日、やれ革新しろ、やれ前へ進めと言い続けていますが、本当に自分に鞭をくれなければならないと感じています。

インターネットは伝統的な業種を転覆させるものです。昔は明かりと言えばロウソクやランプでした。電気が通ってからもしばらくは頻繁に停電していましたが、徐々に使える時間も長くなり、結果ランプ工場は潰れてしまいました。変革は痛みを伴いますが、方向転換が早いところだけがチャンスをつかむことができます。

私自身もタオバオは怖いと思いますね。初年度は八億、翌年八十億、三年目は百六十億、四年目四百三十億、今年は一千億、来年は二千億を売り上げるでしょう。

一九九八年に中国国家情報産業部は何軒かの調査会社に依頼して二〇〇四年に中国における携帯電話の普及台数を予測させました。全部で八件の報告がありましたが、一番突出していたのは七千万台を突破するという数字でした。七千万！二千万でも多いくらいだと当時は考えていましたが、二〇〇七年現在、五億七千万台が普及しています。これが生活の変化、社会の変化です。

新しいものは、先にそれを独占したものが勝ちます。今日はこれをお話したかったのです。日々変化し続ける中、私たちは何げなく未来の新鮮なものを今ここにある古ぼけたものと取り換えて、生きています。しかし、会社を二十年、三十年と経営し続けたいのであれば、自分自身に挑戦し、五年後の災難を予測できるようでなくてはいけません。

アリババグループの社員は現在九千人ですが、十年後には十五万人になります。彭蕾が組織を作らなければいけないと言うので、早急に湖畔学院を立ち上げ、一万人の幹部を育成します。アリババが成功しているという人もいますが、私にとってはまだ始めたばかりで成功の内には入りません。

私たちは最初のうちは牛に乗っているようなものでした。それがトラクターに替わり、道をきれいにならしたので、駿馬が気持ちよく走れるようになったわけです。

改革とは概念の転換です。牛からトラクターに変えた当初はスピードが速いと感じていたのに、すぐにそれで疾走してみたくなります。中国は必ず発展します。電子商取引も必ず発展します。牛乳は皆が飲むものであり、誰が早いか、誰が良いかで市場が決まります。蒙牛が毎月送ってくるから（注46）、蒙牛の牛乳を飲むのです。品質が良ければ価格はそれほど大きな関心事ではありません。なるべく早くお客様のところへ商品を届け、牛乳といえば蒙牛といわれるようになればしめたものです。

（注46）蒙牛のビジネスモデルは、ロングライフの袋詰め牛乳を一カ月分家庭へ直送するというもの

第十二章――勝って兜の緒を締めよ

2008年9月、米大手投資銀行のリーマンブラザーズが破綻、世界金融危機に突入した。こうした経済不況の中、馬雲氏は越冬を宣言。「顧客第一、社員第二、株主第三」の原点回帰を強調した。

■二〇〇八年四月十四日

湖畔三期での講話

アリババ上場後、馬雲は越冬を宣言した。この時すでに通貨危機は始まっていた。二〇〇八年二月十五日アリババグループの会議において馬雲は「洞窟を掘って、食糧を備蓄し、王と呼ぶことなく謙虚であれ」という戦略を提案した。

初日に世界市場に立たねばならぬ

今回の出張は遠く、後半はさらに足を延ばすことになりました。北京から博鰲（ボアオ）アジアフォーラムへ行ったのです。元アリババ取締役の龍永図から「ＡＰＥＣ（アジア太平洋経済協力会議）へも参加し、ダボスフォーラムにも参加したのに博鰲へ行かないのか」と言われ、断りきれなかったのです。

フォーラムには各国の政治家や財界人など多くの人が参加していました。われわれアリババの影響力が大きくなり、世界中から注目されてきていることを実感しました。龍取締役から言われて、二つのフォーラムに参加してきました。発言などするつもりはなかったのですが、龍さんが「改革三十年記念のフォーラムなのだから、全員何か話さなくては」と言うので仕方なく発言もしてきました（注47）。参加者は三十年前と今の写真のパネルを壁に飾っていましたが、私は写真を持参していませんでした。十年後に飾ってもらいましょう。

ところで、中国の改革開放の最初の十年、次の十年、その次の十年。どの年が一番印象深いですか。最初の十年は中国が改革開放の思想を受け入れた期間、その後の二十年は中国が世界経済に溶け込んだ期間でした。特にここ十年は中国企業が海外へ向けて走り出した期間でした。

アリババというのは少々面倒な会社で、会社設立の初日から世界市場に立たねばなりませんでした。会社設立最初の会議で、やり抜くべき四項目について話しました。一つはＷＴＯ（世界貿易機関）、一つはグローバル化、一つはインターネット、最後の一つは何だったのか忘れましたが、とにかくアリババはＷＴＯと無関係ではいられないということです。

私は遅かれ早かれ中国は必ずＷＴＯに加盟すると判断しました。ＷＴＯに加盟したらどうなるか。最初の五年は輸出中心、後の五年は徐々に輸入に比重が移るだろう。これが一九九九年の創業以来、一貫したアリババの判断なのです。

一九九九年から五年以内に中国はＷＴＯに加盟しました（二〇〇一年中国はＷＴＯに加

盟）。まず五年は輸出、次の五年は輸入。このような考え方を基に国外へ向けた英語のサイトを開き、中国の改革開放政策にしっかりとリンクさせました。

（注47）当該フォーラムのメイン会議が「中国改革開放30周年円卓会議」だった

大企業のためにする仕事はない

博鰲では、「アジアの競争力」と題されたフォーラムにも招かれました。この題目は大きすぎ、各国から参加した経済界の大物が数人発言するだけでした。

この話を聞いて、中国にはチャンスと希望が必要だ、アジアにはチャンスと希望が必要だと感じました。第一に大企業ではなく、中小企業と起業家を応援しなければならない。アジアは独自の路線を歩むべきで、西側諸国が進めてきたような大企業、大量製造の路線に頼ってはいけません。

二十世紀は工業化の時代で、規模、資本、技術に長けているところが勝ちました。情報化の時代には臨機応変さと、スピード感のある対応が必要です。アジアでアジア人の文化に則ったやり方をするのでは、臨機応変やスピードは難しい。アジアの文化とは「鶏頭となるも竜尾となるなかれ」という考え方で、中国人は特にそうです。フォーラムで私は企業は大きいほうがいいと話す外国の経済界の大物と議論を戦わせました。

その後、創造について話しました。大企業は資本市場の運用に長け、資金は豊富で影響力もあり、大規模なビジネスは得意でしょう。しかし、本当に新しいものを創造するのであれば、中小企業の方が臨機応変に対応できます。

中国鉄道の社長が言うには、年間九十三の特許を取り、百二十もの発明をしているそうですが、私に言わせれば、その金を中小企業に渡せば九百を超える特許と千二百の技術をたたき出すことができる。そう確信しています。

アリババは最初の一日から今日まで、ターゲットは中小企業に定めてきました。中国の希望はアジアの希望、世界の希望です。国を富ませ強くするのであれば、中小企業に頼るほかありません。十三億の民の雇用機会を国有企業に頼るようであれば、中国にチャンスはないでしょう。また計画経済、国有体制に逆戻りです。中小企業とは希望、創造、雇用機会を意味します。九〇％以上の雇用機会は中小企業にあるのです。

アリババは初日から中小企業に狙いを定め、それは今日に至るまで変わっていません。特に起業家を増やすことに力を入れています。昨年私は「中国で勝つ」に出演しました。

会社にとって最も価値があり、大切な資源はＣＥＯの時間です。私も大変忙しく、会社で会議を開くことができないほどいつも時間が足りません。私がいなければ会議は開けませんからね。

慈善とか、チャリティーとか社会責任とか言いますが、自分にとって最も価値のあるものを差し出してこそ慈善というものです。大金持ちにとって金銭など大した価値はないのですから、金を出させて解決することなど慈善とは呼べません。慈善とは真心。一番大切なものを分け合うことです。私にとって貴重な時間を割いてテレビ番組に出演することに価値があり、番組の良し悪しは別の問題です。

中国には大勢の起業家が必要です。起業家がいなければ中小企業は誕生しません。大型企業が誕生するときには、アリババの手伝いなど必要ないでしょう。企業は何をすべきかすべきではないかを明確にする必要があります。多くの人がカルフール（フランスのスーパーマーケットチェーン）やＴＣＬといった大企業のために仕事すべきなんじゃないかと言いますが、私は必要ないと考えます。なぜか。例えば私が中学校を開校したとしましょう。われわれの得意種目である中学校に大学生が授業を聞きに来た。どうぞ、どうぞ。でも彼のために大学を作ってやるというのはおかしな話です。

小学校、中学校、高校、大学。どの学校も卒業すれば追い出されます。中小企業向けのサービスシステムは大企業向きではないのです。アリババの中小企業向けサービスを大企業にも適用するのは無理なのです。

アリババがこれまでの間ずっと起業家のために仕事をしてきたことを理解してください。なぜ中小企業を選択したのか。中小企業は助けを必要としていますし、そうすることは国家の利益になるからです。大企業が電子商取引に乗り出すのは美人が化粧の上塗りをするようなもので、競争相手がやっているから、社長がやれと言ったから、やらなければ株式市場で株価が上がらないからやるのかもしれません。中小企業にとって電子商取引は死活問題。だからこそ私たちは中小企業のために仕事をするのです。

路線が間違ったら裸一貫でやり直し

アリババの歴史が一九九五年に始まったのは、皆さんご存じの通りです。

一九九五年、私は「中国イエローページ社」を始めました。純粋に理想、夢のためです。一九九七年まで続け、次は北京で国家対外経済貿易部の仕事を十四カ月やりました。北京での十四カ月はかなり成功していた時間だったと言っていいでしょう。一九九七年末から九八年の末までで、二百八十七万元の純利益を上げたのは、当時にしてはかなりのものでした。それなのに、なぜ北京から撤退したのか。

北京の会社は最初に黒字を出したインターネットの会社だったかもしれませんが、三つの点において社長と意見が合いませんでした。

第一に、社長はＥＤＩ（Electronic Data Interchange）方式での電子商取引を望みましたが、私たちにとってそれはずいぶん古いやり方でとても受け入れられませんでした。電子ビジネスをするのであればインターネットを使うしかないと考えていたからです。

第二に、大型の国有企業のためのサービスをするべきだという点。社長は国有企業を良しとしていましたが、われわれは国有企業のために働くのは政府であるべきだと考えていました。中小企業の方がずっと助けを必要としていたからです。

第三に、われわれは顧客を育てていくべきだと考えていましたが、社長はコントロールすべきだと考えていたのです。

考え方が違っていたのであって、どちらかが間違っていたわけではありません。社長と意見が違ったときには二つの選択肢しかありません。彼に従うか、社長には言うことの聞く人間を雇ってもらうことにして、自分は自分の道を行くか。私は新しく始める方を選びました。これは非常につらい選択でした。会社はうまく行っているのに、自分は裸一貫で飛び出すわけですから。

パウウェル元国務長官が昨日いいことを言いましたね。「何をリーダーシップと呼ぶか。ビジョンがあって、それを完全に信じているかが鍵である」。彼がアメリカの参謀だった時に部下へ向かってこう言ったそうです。「君は疲れ、飢え、恐れているだろう。しかし、疲れ、飢え、恐れているように見せてはならない。兵士が休むのを待たずに食べ始めてはならない」。

完成されたビジョンがあるのなら、良いチームが必要です。もしチームのメンバーがあなたの間違いを見つけたとしたらどうしますか。

三つの方法があります。あらためて訓練を受けるか、部門を異動するか、クビになるか、です。軍隊ならば転属が可能ですが、一般企業であれば閑職に追いやられるか、出ていくかです。これは会社にとっても痛手です。

当時の社長とは今でもよい関係を続けています。しかし、同じ会社で働くのは難しかったのです。仕事の哲学、インターネット、中小企業、どれをとっても全く違った考え方をしていたのですから。

ボスは彼、となれば私が出ていくしかありませんでしたが、今日に至るまで後悔したことはありません。彼は今も成功できていない。やはり彼の路線は間違っていたのです。アリババは創業以来一貫して中小企業のためにインターネットを使ったサービスを提供してきました。コントロールではなく、インターネットで中小企業のために価値を作り出し、育ててきました。

ご存じの通り、始めたばかりは資金が少なく、多くの失敗を重ね、毎日あちこちでケンカをしていました。最終的にＳａｖｉｏがＧＥの思想を持ち込み、私たちのビジョン、価値と相まって、何ものにも代えがたい会社となったのです。社員教育において一番大切なことは、アリババの最も大切なものについて語り、同じ夢を共有し、世の中から難しい仕事をなくすこと。アリババの六大価値観は、われわれ共通の目標なのです。

今日話したように、八十年、百二年（注48）発展し続けるために実現すべきは、この十年の目標です。十年以内に中国は世界最大のネット大国となります。世界最大のネット国家から必ず世界最大のネット企業が生まれるはずです。

つまり世界三大ネット企業の一つは中国企業になるはずなのです。戦略から言えば、アリババも世界三大ネット企業のうちの一社となるチャンスはあります。情報時代においてアメリカ企業と競り合うのは難しいと言われてきました。インテルなどはその良い例で、われわれの力を結集してもチップの設計は彼らの六割がたの実力しかありません。ＯＳに関しては今のところマイクロソフトが席巻していますから、挑戦しようなどと思ったが最後、バッサリやられてしまうでしょう。しかしインターネットで競争するのであれば、アメリカとの差は二、三年程度ですから、同じ土俵に乗ることができるでしょう。

電子商取引であれば、さらに条件は良くなります。電子商取引の核心は技術ではありません。もちろん技術は建物で言えば基礎に当たる非常に大切なものですが、最も重要なものは需要です。サプライヤーとバイヤーをどのくらい持っているか。バイヤーが多ければサプライヤーも増え、ここで初めて素晴らしい技術の出番となるのです。

オーストラリアで世界最高の技術を開発したとしても、人口はわずか二千万人です。やりますか。この小さい市場を相手に。北欧のインターネットの技術も素晴らしいのですが、人が少なすぎる。

この観点から見ても、中国から必ずや世界最大級のインターネット企業が誕生するでしょう。インターネットとは理念の一種であって技術ではありません。この理念を掌握した者が未来を掌握し、インターネットを掌握するのです。

インターネットに必要なものは、技術、応用、多くの創造、そして何より必要なのは巨大なユーザーの数です。ニーズに合わせた各種のサービスを強化することで、中国企業が世界の三本の指に入るようになるのです。

（注48）創業から百二年後は二十二世紀最初の年となる

「人間本位」の本の字は、「資本」の本

どのポータルサイトが世界三位に入ると思いますか。これは難しい。国によってイデオロギーが違いますから一緒に論じることはできません。ゲームサイトはもっと不透明です。ゲームサイトは稼げますが、世の中を変えることはできないでしょう。

ビジネスは人と人との交流であり、ビジネスの市場はどこよりも広い。昔は市場の取り合いに大砲や鉄砲を抱えた軍隊が出てきましたが、インターネットであればどの市場へ行くかは顧客次第です。インターネットは国家の外交、交渉事などの戦略的武器となります。米ドルだろうが人民元だろうが、お金が嫌いな人など世界のどこにもいません。ビジネスは人々の心を通わせ、信頼や理解を深めます。これこそ私たちが狙いを定めた電子商取引であり、中国にこの会社が誕生した理由です。この目標を実現できないとしたら私たちがバカなだけで、市場がないからではありません。

第二に、アリババを世界企業ランキング五百位以内に入れたいと考えています。五百位

以内に入っている中国企業のほとんどが国営企業です。工商銀行（注49）しかり、中国石油しかり。多くの外国人がこう言っています。「中国はたくさんの企業をランクインさせているけれど、国が勝負に出てきたのではね」。

もし、アリババがランクインすれば、これは違います。外国人も文句は言えません。ビジネスの世界において、われわれは「バリュー」「ビジョン」といった西側の運営方法を学び、取り入れてきました。西洋化するだけでは生き残れない。西側の知恵をアジアのやり方で生かし、世界の市場に乗り出すのです。

魯冠球（注50）は改革開放の第一世代、鄧小平世代の人物。アリババは改革開放後三十年の時代の申し子です。グローバル化された、透明度の高い、会社が統治するという考え方（これまでの国有企業とは違う）の中で生まれた企業です。われわれ自身の力で五百位以内にランクインしましょう！この使命をよく覚えておくように。

第三に、最優秀雇用主となりたいと考えています。アリババは「人間本位」です。これは外の人間の言う「人間本位」とは意味が違います。私の言う「人間本位」の「本」の字は、資本の「本」なのです。

理屈で言えば、このような湖畔学院という社内教育など開かなくてもいいのです。仕事をさせて金を稼がせ、稼がない者は首をすげ替えればいい、と世間の会社はみんなこういう調子です。私たちはどうして違うのでしょうか。彭蕾と五年前に「この会社の資産価値を上げたのは誰だろう」と話したことがあります。答えは皆さんです。わが社の資産は人です。

現在、中国に一万二千人いると言われている電子商取引の専門家のうち九千人がアリババグループにいます。財務の言い方で言えば、物品は償却されるので年数を追うごとに価値が目減りしますが、人は年数を追うごとに価値が増すはずです。新入社員は新入りですが、五年、八年と経った「アリ人」はビンテージもので値が張ります。

例えば、アリババで二十年を過ごしたとしましょう。Ｓａｖｉｏが持ち込んだ「バリュー」という考え方一つを持って社外へ出たとしても、かなりの価値があります。もし普通の労働者であれば、エレベーターのボタンを押したり、ペンキを塗ったりするだけで毎日が過ぎてしまい、仕事をする期間が長いほど劣化することになりかねません。守衛室のおじいさんは新しい警備員が来たら用無しです。バリューのシステムと教育の経験を何年も積んだＳａｖｉｏの価値は上がる一方です。

まだ電子商取引の歴史は浅い。三十年後われわれの価値は相当上がっていることでしょう。この業界は他とは違うのです。

アリババの資産について考えてください。会社はあなたを育て、価値のある人間にします。五人の副社長は七人の副社長を育て、五人の部長は二十五人の部長を育てます。もし五十人の部長が三人になってしまったら、元も子もありません。

現金は道具の一つであり、借りることができます。優秀な人材を求める人は多いですが、最も優秀な人材など見つかるわけがなく、最も適した人材を見つけて優秀に育てるしかないのです。私たちは平凡な人間が集まって一緒に非凡なことをやっています。謙虚な人間を人は高く評価しますが、自分を高く評価する人間は見下されます。

（注49）中国工商銀行。中国四大商業銀行の一つ
（注50）浙江省杭州出身の企業家。万向グループ董事会主席

手放してこそ得ることができるのが権力

私のことをＩＱは高いがＥＱは低いと言う人がいます。ＥＱが低い人は自分が偉いと思っていて、他の人がバカに見えるようです。しかし、世の中にバカな人なんていません。話せば誰でも理解できるのです。

チャンスや縁があって今の自分があるのですから、謙虚であるべきです。腰を低くしましょう。ふんぞり返っていたら高く飛ぶことはできません。これがアリババ文化の価値であり、アリババ精神の本質です。私たちは平凡な人間ですが、みんなで一緒に非凡なことをやっています。他の人を高く、自分を低くすることです。

自分を叱ったり、自分をネタに冗談を言ったりするのはたいしたことではありません。バカバカしいのは自分が間違いを犯したことを他の人はみんな知っているのに、知らないはずと思い込んでいることです。私もこれで恥ずかしい思いをしました。創業間もないころ、みんなでマフィア・ゲーム（注51）をやった時に、殺人犯役を引き当ててしまいました。途中トイレに行っている最中に「殺人犯」が私であることがみんなに分かってしまっていたのに、その後もゲームは続けられました。私は遊ばれていたわけです。

なんでも分かっているような素振りで、口を出さない部下のことを、ものを知らないと思っているような上司は嫌われます。権力は手放すしかないのです。手放してこそ権力を得ることができます。手の中にあるもの、大切にしているもの、それはあなたの権力ではありません。一人一人に権力を分担して、それを実行させてこそ本当に権力を得ることができるのです。部下をコントロールしようと思っても、うまくいくわけがありません。

アリババは人間本位、人がアリババの資本です。将来振り返った時に、最後にこの会社に影響を与えた人間が永遠にアリババのリーダーになります。よく見ておいてください。

これまで三つの目標について話してきました。それはアリババを世界で一番の会社にするための目標です。世界最高の雇用主であるグローバル企業になるまであとどのくらいかかるのか、毎年検証していきましょう。成功して従業員の皆さんに喜んでもらいたい。多くの会社がアリババよりもずっとたくさんのボーナスを出していますが、従業員は楽しんでいるでしょうか。私たちがやらねばならないのは、一生達成感を感じ続けていくことです。

（注51）ＭＢＡのカリキュラムでも採用されている心理ゲーム。村人の中に紛れ込んでいる殺人犯を推理して見つけ出す

使命感で二十二世紀まで行こう

今日アリババは十年、二十年、三十年の目標を得ました。まだ創業九年の会社が今後百二年もやっていこうというのです。これからどうなっていくのでしょうか。分かりません。

馬雲は未来を予測できると言っている人がいるのでしょうか。それは嘘です。二十年前、テレビ工場で働く人は羨望のまなざしで見られていましたが、今彼らは転職したがっているんですから。

電子商取引は生活の一部、重要なパーツです。二十年後、三十年後、四十年後に生物化学、航空、宇宙探索などの事業に乗り出しているのかどうか、分かりませんね。しかし、百二年続けることができるものがあります。それは価値観、文化、使命感です。望む、望まないにかかわらず、しっかりと理解していってください。

私の頭の中にあるものを皆さんの身体に染み込ませ、そこに根が生え、芽が出たら、DNAの伝達は完了です。ビジネスを高速かつ健全に発展させましょう。企業文化を伝えるための教育機関も必要ですね。投資して、正式にアリババ商学院を作りましょう。ロックフェラーグループのように、子孫後代のためにする投資です。

皆さんにジョークを一つ披露しましょう。牛根生が言いました。「われわれ蒙古人は偉大だ。多くの土地を手に入れたが財産を隠し持ったりはしないし、土地にしてもほしいと言ったわけではないのだ。チンギス・ハーンは偉大な戦略家だった。宝物を奪っても、奪い返されるかもしれない。だから、チンギス・ハーンは行く先々の子どもの尻に蒙古斑をつけていった。これぞDNA、これぞ戦略的思想！全アジアの四分の一の尻には蒙古斑がある。みんなチンギス・ハーンの子孫なのだ」。

これはジョークですが、話の中でチンギス・ハーンが思い至った原始的なDNAについての考え方に触れています。Savioとこのジョークについて話をした時に、何十年か後に世界五百位にランクインしている中国企業のCEO二百人はアリババ出身だったらいいねと話し合いました。必要なのは価値観の体系です。これを詳細に理解することが大切です。私たちの言う「五〇%価値観審査」は中国では珍しい。しかし、ずっとやり続ければ、会社が成功したときにはわれわれのやり方を多くの企業が学ぶこととなるでしょう。こうしてDNAは別の生命体へ伝わり、アリババの魂は生き続けていくことができます。もっと遠くを見つめていきましょう。

アリババの組織形態を考えたときに、なぜ七社もあるのかと思いませんか。なぜ今日幹部社員を集めたのか。組織部門はどうすべきか、財務部門はどうすべきか。財務体系ができたら、次は投資体系です。

七つの会社を含め、私たちの使命感、価値観が軸となってこの組織が成り立っています。私たちのビジョン、バリュー、アリババのすべての施策は絶対に価値観、使命感に背いてはなりません。そのような施策があったら、すぐに投げ捨てます。

アリババ思想は価値観、使命感、そして文化の中から生まれたのですから!

冬が来るなら早いほうがいい

未来の経済情勢に関する判断、このところの世界経済全体に関する判断についてお話ししました。アリババ集団全体にとって、B2Bには大きな挑戦が待ち受けているでしょう。昨年の分析は間違っていました。世界的に激烈な変化が起こり、まさかこのように株価が急騰するとは思いもしませんでした。世界経済の成長には、十数年の高速成長の間も大きな災難は起こりませんでした。しかし今後、経済は急激な株価下落へと突き進んでいくでしょう。企業はなるべく早く上場して、来るべき冬に備えなければなりません。アリババも上場へラストスパートをかけなければなりません。

皆さん耳を澄ませてください。万雷の拍手の向こう側から、冬の遠雷が聞こえます。考えてもみてください。四十元を超えた株価は、強烈な危険信号に違いありません。創立たった九年のこの会社が二百倍以上の株価収益率に達することができると思えますか。

現実的ではないでしょう。アリババが上場するときに四十元とは不健康です。自分たちの原則を理解しなければなりません。

上場することにしたのは越冬の準備をするためでした。外部の人たちはなぜ上場しようとするのか理解せず、越冬の準備だと言っても冗談かと思われました。結果として、十一月から現在まで株式市場は下落を続け、世界経済も激烈に変化しました。アメリカのサブプライムに端を発する世界金融危機は一兆ドルの損失だそうです。私は三兆から四兆の間と思っていますが。アメリカ政府は自国の経済を調整しようと必死ですが、本当に怖いのは価値観に問題が生じることです。

9．11は人々の信頼感を損ないました。ビンラディンを爆撃しても取り返せません。出張で飛行機に乗るとき、以前なら十五分もあれば出発できたのが、今や二時間前に行かなければなりません。テロを恐れて誰も信用できないから検査の時に靴まで脱がされます。誰もがテロリストだと思われているようです。飛行機の運輸は国にとって血液のようなものですから、血流が滞れば新陳代謝も活発ではなくなります。

第二の攻撃はエンロン事件。エンロン事件が起こってからは、企業は全部悪者で、財務担当者は極悪人だと思われるようになりました。まずは人間を疑い、次は企業を疑い、世界金融危機が起きたらアメリカは金融機関を疑うようになりました。金融機関はみんな悪いやつだと。

考えてもみてください。敬愛の基本要素は人と人の信頼関係、企業経営への信頼、金融機関への信頼でしょう。信頼が失われた国に問題が起きない方がおかしい。金融危機は初期のがんのような小さなものです。出てきたら切り取ればいい。一兆、二兆、三兆だからってどうだと言うのです。でも人が人への信頼を失ったら、企業への信頼を失ったら、金融機関への信頼を失ったら、それは重症患者です。金融危機、株価下落はある種の恐慌です。恐慌がアメリカの株価下落を招きはしましたが、本当に実質的なものはまだ生み出していない。私は世界経済をこのように見ています。

どちらにしてもアメリカの世界経済への影響力は大きく、対抗するために欧州連合（ＥＵ）が発足しました。中国が数年前にＷＴＯへ加盟したことは、世界標準に迎合したということ。世界の重要な標準はアメリカです。そこに溶け込もうとしているのです。

中国に目を向けてみると、マクロコントロールに企業が引っかかります。以前はインフラ建設に投資し、大量の農村人口が都市で道路建設に投入されましたが、方針転換でいきなり多くの人が失業してしまいました。いわゆるマクロコントロールというのは経済が過熱しすぎた状態からゆったりした発展へと導くもので、発展は必須のはず。それが、方針転換した上に労働法の締め付けが加わると、中小企業ではアルバイトを雇うつもりでいたのに、突然正社員として契約を結ばなければならなくなり、資金はひっ迫します。

この方針転換に加えて、最近の少々計画経済へ向かっている情勢もあり、物価も上昇傾向。こういった状況が表れる中、ドルが六元九角まで落ちました。六元、五元まで落ちるといううわさもある中で中国が輸出とインフラ投資にばかり依存する戦略は、かなりのリスクを含んでいると言えます。加えて世界金融危機だなんて、誰が準備できていたでしょう。

アメリカのサブプライム危機があって、中国のここ数年のこともあり、経済問題が発生し、元高傾向は継続しています。元高は他の問題も引き起こしています。ドルだけでなく、ユーロも、オーストラリアドルも、日本円も安値傾向にあり、輸出に大きな問題が生じています。輸出に頼っている企業は厳しい状況に直面しています。

このような環境の中、アリババは準備を始める時にあります。無数の中小企業が生存問題に直面している中、自分の価値観を試行できるのです。災難を前にして、自分の価値観が試されるのです。今日の状況下において、アリババのB２Bは中小企業の災難にどう対応すべきか、業績から見て三年後の中小企業の発展のためにどうすべきでしょうか。

準備すべきです。アリババの幹部社員は全員理解してください。これからの三年間は挑戦期間であり、チャンスなのです。

上場したばかりの時に私はこう言いました。「冬が来るなら早いほうがいい。布団も十分準備できているし、食料もたっぷり備えた。他社が倒れてもアリババには資金がある」。

それが、ふたを開けてみたら倒れたのは他のネット関連の会社ではなく、無数の中小企業であり、起業家だったのです。彼らが倒れたらどうすればいいのでしょう。

この点については反省しています。どんな災難も新たなチャンスの幕開けであり、危機、危険はチャンスの中にあります、中小企業を助けてこの難関を乗り切るために残された時間は二年しかありません。この二年でアリババ、タオバオ、アリペイ、ヤフーはたくさんのことをしなければなりません。中小企業と起業家を助け、この難関を乗り切りましょう。

餓死するライオンはいても、餓死するアリはいない

アフリカの砂漠やサバンナで餓死する象やライオンがいても、餓死するアリはいません。アリはどんな時でも食料を見つけます。その方法を見つけるのが私たちの使命であり、価値観が試されています。

株価が下がり始めて一元、一角まで落ちたとします。その時に使命感、価値観、本当の信頼を放棄してはなりません。アリババが廃業することになれば、中国で生き残れる企業など何社もないでしょう。新しい幹部の皆さんよく聞いてください。アリババは多くの困

難を乗り越えてきました。大きな間違いを犯したこともあったし、国外から乗り込んできた人に間違いをあげつらわれた結果、目が回って方向を見定めることができなくなったこともありました。さらにはＳＡＲＳもありました。これから五年後、十年後の挑戦はさらに大きなものになるでしょう。世界の頂点を目指せということになるかもしれない。

あなたの払っている代価は誰よりも大きいはずです。風はもう吹き始めています。もう船に乗ってしまったあなたに他人はああだこうだと言ってきます。メディアも注目しています。パウウェル曰く「機関銃を前にして、将軍は落ち着かない気持ちになったとしても、表には出すな。将軍がそこにいるだけで、兵隊は落ち着くことができるのだから」。誰でも恐れる気持ちはありますが、最近私はそれほど感じていません。数年前はドキドキすることもありましたが、今は何を見ても「だからどうした」と思えるようになりました。

冬は恐れるに足りませんが、怖いのは準備がないことです。三日くらいかと想像していた冬が三百日も続いたら、みんな凍死してしまいます。アリババグループが決めてきた施策は正しかったのです。上場した時には株価が高いと言われ、その後下落してくると、今日は十五元になった、十二元だ、十一元だと文句を言われる。

二十二世紀までやっていこうというのに、今年でやっと九年です。文句を言う投資家に言ってやりましょう。四十元まで上がった時に褒めることをしなかったのだから、今日八十元になったとしても文句があるに違いありません。二、三年経って、十三元五角の基本ラインまで戻したいと考えています。これはユーザーの皆さま、社員、そして新しい株主の皆さまへの約束です。

われわれは一流の船長とは言えないかもしれませんが、航海の経験はそこそこあります。多くの港をめぐり、多くの物事を見聞きし、ましてや昨年の現金の備蓄に加え以前の現金の備蓄があります。今日のアリババの影響力、リスクヘッジ力をもってすれば、社員九千人全員が災難に直面しても大丈夫とまでは言いませんが、四〇%がだめだったとしても、五千人はここに残ることができます。五、六千人はアリババと一緒にしのぐことができるでしょう。新しく入社した人は、やり始めたばかりに災難に遭ったと言うでしょう。一番運に見放されていた時、初日にSARSのために休業を余儀なくされました。いろんなことがありました。初日にこんなことがあるなんて、アリババは物語にあふれています。

一万人が信じれば信仰となる

どんな挑戦でも、みんなで手をつないでやっていきましょう。一人きりで砂漠を歩くのは心細いですが、手をつなげば怖くない。もちろん手を取り合って逃げ帰るのはダメです。横道へ入るならみんなで入る。一人が逃げ帰ろうとしたら、みんなで逃げ帰ることになってしまいます。

試練には二つあります。一つは誘惑に直面したときに抑えることができるか。もう一つは災難に直面したときに持ち応えることができるか。あなたの価値観が試されます。誘惑を前にしてどうするか、プレッシャーを感じたときにがんばれるか。こういった試練を乗り越えたものだけを本当の価値観と呼べるのです。

健康のために毎日ジョギングをしても、汗をかく程度の感じしかありませんが、重い病気にかかったときに、普段から体を鍛えている人とそうでない人ではずいぶん違うことになります。毎日のジョギングは価値観の試練に相当し、災難に遭う前から価値観を鍛えることになります。普段から鍛えていない人が突然災難に遭ったらもうおしまいです。生きていくことはできません。

このプロセスを嫌がってはいけません。アリババに入ったのですから、アリババの六大価値観、使命感を信じなければなりません。新入社員でも、幹部社員でも信じるだけでなく、日々の仕事でそれを体現しているかどうか試されているのです。

アリババが一番重視しているのが使命感、価値観です。他の会社と同じところも多くありますが、唯一違うのは将来われわれのＤＮＡにしようとしているものは価値観なのです。どうしてこの人はこうなのだろうなどと考えないように。そう思うのなら、次のＣＥＯに聞いてみるといいですよ。言っておきますが、次のＣＥＯも同じです。その次もずっと同じです。絶対に同じです。これが私たちの必要とするＤＮＡなのですから。

今は九千人ですが、十年以内にアリババは十五万の社員を抱えるようになるでしょう。Ｂ２Ｂだけでなくグループ全体で少なくとも十五万の社員と一万の幹部社員を有するようになります。この一万人を採用し、育て、アリババのＤＮＡを注入していきます。幹部社員を通じて、すべての社員へ価値観の体系を注入させなければなりません。

誰がアリババを世界三大インターネット会社にさせるのか。誰がアリババを世界五百位にランクインさせるのか。誰がアリババを最もよい雇用主とするのか。少なくともＣＥＯの机に到達するまでこの流れに沿って来るべきです。私は永遠に楽観的な気持ちでつらい局面に対峙していきます。準備しましょう。これから三年は、災難はないでしょう。準備していれば損をすることはなく、災難に見舞われてもアリババは準備万端ですから。

幸いなことに準備は万全、タオバオも展開していますし、アリペイも内需に大きく貢献しています。国外の準備も迅速に対応しています。来年の今頃株価は四十元にまでは戻らないと思いますし、市場への信頼感を考えると三十元も無理かもしれません。これから三年はベーシックな部分を大切にして、その後の勝負に備えたいところです。楽しく仕事をするために、アリババはアリババの理想に沿って進みます。

皆さんは新しいアリババ人です。湖畔学院ではこういった精神、価値観、視野を継承していってください。ここを出たら「馬雲みたいにクレイジーにやってみよう」と言えばいい。倒れても、また起き上がればいいのです。信じるものがないことはとてもつらいことです。一万人が信じれば、それはとてもパワフルなものになります。

一人で信じるのはバカ、百人が信じるのはゴミ、でも、一万人が信じれば信仰になるのです。信じる心は私たちを前進させます。アリババ人よ、一緒に行きましょう。幹部職員は必ずこの信じる心を携えて行きましょう。

■二〇〇八年七月二日

「湖畔論道」での講話

アリババは社員教育を重視している。湖畔学院は創業の地「湖畔花園住宅」から名前を取った、アリババ独自の教育機関である。この「学院」は建物や教室があるわけではなく、さまざまなカリキュラムをさまざまな環境下で行っているものである。

三日間の「無言の行」で心身を鍛える

この六カ月の間、中国国内にも、アリババ社内にもたくさんの事件がありました。今日の会議は大変重要な会議であり、現在わが社が直面している状況への対処方法を探り、下半期の経営方針について決めたいと思います。

この会議のために、長い時間をかけて考え、準備をしてきました。まずは、三日間の「無言の行」を行うことで、心身を鍛えました。三日間は一文字も書いてはならず、一言も話してはいけない。これはかなりの苦行ですが、やり始めたからにはやるしかありません。静かに周りの人の話へ耳を傾け、彼らの考えに思いを巡らすことに努めました。そうすると、話の出発点は間違っていたとしても話の中の味わいを感じることができたのです。

これまでは結果ばかりを重視し、その過程を味わうことに思いが及びませんでした。例えば食事。お腹を満たすためだけに食べていて、さっさと食べ終わったらすぐに仕事を再開していました。しかし、心を落ち着けて料理を味わうようになると、これまで食べてきた米のおいしさに初めて気づいたり、今まで食べたことのないおいしさに出合ったりして、その結果毎食二杯はおかわりするようになりました。

これと同様の問題がアリババにあります。これまでの九年間、ずっと結果ばかりを追求し、毎日の楽しさや苦労を味わうことを考えてこなかった。「静けさこそが最大の力」という言葉があります。企業も人間と同じで、価値を見抜く目を持ち、心を平静に保つことができて初めて物事の過程が意味するところを味わうことができる。「無言の行」から得た悟りです。

決定直後は苦しい

優秀な企業とは、一回や二回の発展するチャンスをつかむことできたかどうかではなく、致命的な打撃をいかに回避してきたかによって決まると言えるでしょう。二十二世紀まで発展し続けようとしているわれわれアリババは、災難を回避する術を学ぶ必要があります。

二〇〇一年、二〇〇二年、アリババは折よく二千万ドルの融資を得ることができたため、越冬の準備をすることができました。これがなければ企業文化の立ち上げに迅速に取り組んだり、会社の核心である価値観と使命感を確立したりすることはできなかったでしょう。二〇〇三年、二〇〇四年になって、経済が上向き始めた時にその勢いに乗って会社を拡大できたのは、十分な蓄えを使うことができたからです。

昨年アリババグループは、十年後、二十年後、いや三十年後のグループの発展を左右する大きな決断を二つ下しました。

一つ目は、もともと一つだった会社を七社に分け、それぞれに取締役会を設置して経営責任を持たせるようにしたことです。当初は指を切り落とすような痛みを伴う決定だと感じられましたが、人材を育成し、グループ全体の進むべき道を見誤らないためには必要な措置だったのです。国内外の情勢が日増しに厳しくなる中で、この決定を下したことにより今に至るまで大きな災難に遭わずに済んだということは、事実が証明しています。

二つ目は、なんとか終電に滑り込んで昨年の内に上場することができ、戦略的貯蓄を完成させたことです。

世界経済の趨勢から見て、これから二、三年はかかるであろう「越冬」の準備をしておかなければならないでしょう。二〇〇一年のインターネットバブルの崩壊とは違い、今回私たちが直面するのは地球規模の経済全体の冬です。それも暗くてとても長く続くであろう冬です。アリババは幸運なことに、厚い綿入れ上着のような戦略的貯蓄がありますし、人材にも恵まれています。

経済が厳しい時は、多くの優秀な会社が生まれる時でもあります。越冬とはつまり身体を鍛えてアリババの戦略を実現させることです。二、三年の間に、アリババは顧客第一、社員第二、株主第三の基本に立ち返ります。

アリババ社員全員が株主

中国経済の実力から考えて、三年後にはマクロ経済は蘇生すると思われます。しかし、その時までに基礎体力を鍛えておかないと、受動的な対応しかできない状況に陥ります。

もとより二、三年の時間しかないのですから、どのように準備し、足腰を鍛えておくかが重要です。そこで国内外の情勢に対応するために、アリババの今後十年の目標を以下のように改めることを、ここに宣言します。

まず、「アリババは世界三大インターネット企業の一社となる」を、「アリババは世界最大の電子商取引サービスを提供する会社となる」へ改めます。「世界三大インターネット企業」の目標を掲げるのをやめるのは、アリババがビジネスを行うお客様のお役に立つ手段としてインターネットを使うことに専念していくからです。

なぜ「世界最大の電子商取引会社になる」としないのか。将来的には、会社という会社が電子商取引を行うことになるでしょう。アリババが目指すのは、アリババが提供するサービスによって、より多くの方が電子商取引をする会社を立ち上げるお役に立つことだからです。

第二に、「アリババは世界企業トップ五〇〇の一員となる」を、「アリババは世界ベストエンプロイヤー（雇用主）となる」へ改めます。トップ五〇〇入りの目標を取り消すのは、アリババが世界最大の電子商取引サービス会社となれば、自動的に五〇〇強入りしていると考えられるからです。

十年の目標としてこの二つを掲げましょう。すべてはお客様のため、すべては社員のためです。アリババ社員全員が株主です。お客様の利益と社員の利益を守りさえすれば、株主の利益も必ず守られるでしょう。

窓を開ければ蚊は入ってくる

日増しに厳しくなるマクロ経済の状況に対応するため、外からの圧力を緩めるように努力し、今後十年の目標を調整しました。そして、越冬戦略の準備を積極的に進めなければなりません。アリババ社員はこの九年間で最初の十八人から今日の一万人へとすさまじい勢いで増えました。社内でも腰を据えて大きな挑戦に取り組むことを余儀なくされています。どのような企業文化、どのような組織編成で、どのような人材が必要なのか。アリババ社員一人一人が深く考えるべき問題です。

第一に文化の挑戦について。会社が急速に発展していく過程では、新しい血液をどんどん注入する必要があります。すると、時を同じくして新旧社員が融合する過程での文化の衝突が発生します。こうした軋轢はどの会社にも普遍的に存在している問題ですが、私たちは真正面からこれを見つめ対応することに挑戦しなければなりません。

新入社員の皆さん、今日このアリババがあるのは、九年の内にここまでの発展を遂げることができたのは、古参社員のすさまじい奮闘の歴史があってこそだということを、よく覚えておいてください。

　また、古参社員の皆さんにも言っておきたいことがあります。鄧小平の言葉に「窓を開ければ蚊は入ってくる」というものがあります。蚊が入ってくるからといって永遠に窓を開かず、たった十八人の創業者に世界と勝負させるというのは無理な話です。発展へ目を向け、心を開いて直面する問題へ対応してください。過去の美しい思い出に浸るのは無意味なことです。実際問題九年前のアリババは記憶の中ほど美しい状態ではありませんでした。この数年間、新人と古参社員である私たちが肩を並べて戦い、企業文化を立ち上げてきたからこそ、アリババは強く大きく育ってきたのです。

　第二は組織の挑戦。現在、アリババの組織は大きくなり、一つの会社が七社へと分かれました。私たちが目指すのは世界で最も優秀な組織ではなく、アリババの発展に最も適合した組織です。

「持続的な変化」を価値観の一つとしているのは、アリババの歴史と世界中の優秀な企業の歴史には、必ず間違いから学んでいる部分があるからです。間違いは起こさないに越したことはありませんが、万が一起きた時にはお互いに理解し話し合いましょう。新旧のアリババ人の皆さんには寛大な心で変化に対応することを期待しています。

　第三は人材の挑戦です。アリババではこの二、三年で新人採用の失敗がぐっと減りました。その一方で、新人がしっくりこないと感じている人が増えていることも確かです。それは会社自体が以前よりも成長したことと無関係ではなく、新人にはこれまでよりも長い時間をかけて組織と馴染んでもらう必要があるでしょう。

現在の社員数は約一万人ですが、今後も採用し続けます。十年後、十五万人もの社員を抱えるようになったときには、一万五千人の幹部社員が必要です。設立した日からずっと、文化の問題、組織の変化の問題、新人と先輩社員の問題などは常に存在しています。こういった問題に挑戦しなければならないときは、好奇心を持って楽しむ気持ちで取り組みましょう。目下のところアリババは中国本土出身で世界的な競争に参加している唯一のインターネット企業であり、この会社が直面している文化、組織、人材の挑戦はこれまで誰も経験してこなかったことです。今感じている痛みや苦しみは、十年後には私たちの大切な財産になっているでしょう。この経験を学者たちが分析してビジネスの教材として編纂したり、誰かが回顧録を出版したりするかもしれません。

中身を鍛えて大局で勝つ

最後に強調しておきたいのは、二〇〇八年から二〇一〇年のアリババグループ全体の戦略は「チャンスに固執せず、中身を鍛えて大局で勝つ」です。これからの三年、企業の価値観、文化、使命感、そして幹部社員の指導力を育てることに専念していきます。業務上ではプロセスを重視し、顧客第一、社員第二、株主第三の基本へと回帰します。

そのために、グループ全体を三世代に分けて検討してみましょう。

第一の世代はB2Bとタオバオです。B2Bは上場企業であり、これまでは突っ走ってきたので、これからの三年は顧客にもスタッフにも一息ついてもらい、さらに自分の足元を固めてください。タオバオはこれまでの五年でしっかりとした基礎を作り上げました。これからの五年は商品を増やし、技術を導入して、「次世代タオバオ」戦略を実施し、世界最大の電子商取引企業に育ってもらいたい。

第二世代はアリペイとアリソフトです。中でもアリソフトは、最近数カ月の間に、文化にしろチーム意識にしろ、さらには商品の開発も驚くほどの速度と効率を上げ、大変誇らしく思っています。

第三世代はヤフー口碑（アリババグループの口コミサイト）とアリママです。ヤフーと口碑の合併は戦略的に大変大きな意義がありました。これを第三世代とするのは、多くの時間をかけて中身を鍛え、将来アリババが発展していく際の主動力となってほしいからです。

アリババが世界最大の電子商取引サービスを提供する会社になるためには、まずアジアで最強の技術センターとならなければなりません。アリババグループはグループ全体の発展のため、アジア地区のインターネットの発展のため、全世界のインターネットの発展のために、技術面で巨大な投資をする準備があります。

私たちに残された時間はたった二年です。中身を鍛え作戦を準備するか、それともこれまで同様走り続けるか。アリババの選択はこの二年で体力を養い、中身を鍛え、戦略を練り、戦いの準備をすることです。

第十三章——いかに心の内の恐怖に打ち勝つか

2008年、アリババ株は一時40元から3元に急落するなど、世界金融危機の影響を大きく受けた。そんな中、馬雲氏は国内需要の拡大に期待。さらに電子商取引時代に本格的に突入したと宣言した。

■二〇〇八年十一月一日

グループの内部会議での講話

今回の講話の背景には世界的な金融危機の発生がある。サブプライムローン機構の破たんをきっかけに投資基金は閉鎖を余儀なくされ、株式市場を襲った激震が巻き起こした大嵐はアメリカを皮切りに全世界で猛威を振るった。その結果、世界の主な金融市場は流動的になった。

嵐が起きてしまえば、空は徐々に明るくなる

皆さん、ありがとう。杭州へお帰りなさい。無敵のアリババ部隊が再び杭州に集結するところに居合わせると、毎回言葉では言い表せない感動に包まれます。もうすぐアリババは十周年を迎えますが、この十年来初めて年末（旧正月前）以外の時期に集まってもらいました。

このような経済情勢の中、集まってもらったのは、未来の経済に対する判断を共有し、他の伝統的な業界の人々が三十年がかりで得ているようなチャンスを迅速に把握するためです。後ほど衛哲から新しい方針についての話がありますが、その前に私の世界経済の情

勢に対する判断についてお話したいと思います。

ここにいる皆さんは、このところの金融情勢、経済情勢、そしてもちろんアリババ株についても大きな関心を持っていることでしょう。なぜ会社は株を買い戻さないのか。なぜ、このような経済情勢の中で投資をし続けているのか。何をやろうとしているのか。世界経済や金融の情勢はいつ悪化するのか。

まず言っておきたいのは、世界金融危機の一番暗い時期はすでに過ぎ去ったということです。この危機は今年の二月に形成され、オリンピック直前の六、七月はまるで暴風雨に見舞われたような時期でした。大嵐の直前こそ空が一番暗い時です。しかし、ひとたび嵐が起きてしまえば、空は徐々に明るくなっていきます。

個人的な意見ですが、緊急危機の一番暗い時期からはそろそろ抜け出し始めています。世界各国の指導者や各国企業の大部分の人々は、既に人類が百年に一度しか出合わないような機会に遭遇しており、それはまたもや災難であるということに気がついています。これは一九二九年から一九三三年にかけて起こった大恐慌以来、最も大きな経済危機です。皆さんも気づいていることと思います。

中国がオリンピックを迎えようとしているころ、すべての危機はすでに形作られていました。それを意識しない時が一番危ない時でもあります。高速道路に大勢の警官がいたとしたら、その先で交通事故があったことが分かりますから誰もが注意して運転するようになり、大きな事故はもう起きないのと同じです。

危機をなんとかコントロールするため、全世界の人々が知恵を絞って対策を考えています。ヨーロッパ、アメリカ、日本、中国などの各国政府、企業から一般市民まで全力を尽くすでしょう。このような状況下で未来に向けて考えるべきテーマは経済の研究です。世界経済を救済するという目的が一致すれば、経済は徐々に安定する方向へ動き出すでしょう。ここでいいニュースを一つ。程度の問題ですが、これほどの株式市場の動揺を再び見るチャンスはそうないでしょう。

もう一つは、アメリカで起こっているサブプライムローン問題が運んできたクレジットカード危機です。この危機が次々と襲ってきたら、世界経済が受ける打撃は非常に大きなものになるでしょう。クレジットカード危機が起こす被害の程度は、サブプライムローンに勝るとも劣りません。二つの危機が一緒になってしまったら、世界経済は冬どころではなく凍った川へと飛び込むことになってしまいます。今はまだクレジットカード危機は起きていません。各国政府、金融機構はすでにこの問題が今起きてしまう危険性に気づいているでしょう。これから数年の間はこの問題を解決することになり、その影響で各地の消費市場が冷え込むという結果になることが予測されます。

変わらなかったものは何か

これから三年以内に金融危機がもたらすであろう経済危機によくよく注意を払うべきです。徐々に実体経済にも影響が出てきます。昨晩アメリカが発表した第三四半期の経済状況を見てみると、状況はかなりひどいことになっています。来年の第一四半期、第二四半期はどうなるでしょう。良い訳がないことは既に分かっています。

このような状況下において、中国は、世界はどんな影響を受けるのでしょうか。私見ですが、中国には大変大きなチャンスだと思います。しかし、来年の第三四半期までの間、特に第二四半期と第三四半期は中国経済にとって最も困難な時期となるでしょう。輸出に問題がある一方で、内需市場もまだ活性化されていない。さらに金融市場の連鎖反応による衝撃も無視できません。

それでも中国には十三億の人口があります。中国経済が復活するのに時間はかからないでしょう。いったん復活したら、今回は発展途上国の枠にははまらなくなるでしょう。

世界金融危機の暗い時代はもう通り過ぎたと判断するということは、株価が底値だということと同義ではありません。底値になることは回復することではありません。回復には二、三年の時間が必要でしょう。株式市場が回復するためには経済の回復が不可欠であり、経済が回復しなければ株価はさらに下落するでしょう。

今回の金融危機が世界に与えた影響とはどんなものでしょう。変わらなかったものは何でしょうか。第一に、世界経済におけるグローバル化の趨勢は変わっていません。世の中は前へ進むだけですから、人々も尻込みなどしていられません。経済のグローバル化も止められません。アメリカ経済はまだ力強く開放的なものです。ヨーロッパもまだ発展し続けています。中国経済も世界で最も重要なものになっていくでしょう。

このような輸出は支えきれない

第二に、中国は「世界の工場」であり、世界最大の輸出基地であることも変わりません。中国の輸出に変化が生じるのではないかと心配している人もいるでしょうが、これから十年間は中国が世界の製造拠点であることに変わりはないでしょう。ここ数年、多くの国と地域へ視察に行きました。そこで分かったのは、中国ほど輸出と製造業の産業のリンクがなされている国は他にはないということです。

ベトナムもまだ、メキシコもまだ、インドもまだ。中国だけが十数年前から大規模なインフラ投資を行い、広東、浙江、江蘇一帯に製造業のシステムを作り上げてきたのです。このシステムはどこかの国が五年や十年で作れるものではありません。

メキシコにしろ、インドにしろ、多くの国が二年ほど前から製造業に力を入れ、アメリカやヨーロッパ各国は中国に対抗するために他の国や地域へ大量の投資を行っています。インフラに投資し始めてから産業のリンクが出来上がるまでには少なく見積もっても十年はかかります。三、四年で何ができるでしょう。外国からの投資が減ることを心配している人もいると思います。今、心配すべきなのは中国への投資が少なくなるのかではなく、中国が全世界で行っている投資が国内市場へ向けて逆流するのか、後退するのかです。世界のどの国であれ、製造業の基地を作るには十年の時間がかかるでしょうから、中国の製造業と輸出の環境に大きな変化は生じないと思われます。

その一方で輸出の構造には革命的な変化が起きています。輸出企業が置かれる環境に、劇的な変化が起きるでしょう。お客様へダイレクトマーケティングや輸出を勧めている社員はこの問題を重視するようにしてください。例を出すと、昨年中国は十億ドルを輸出しましたが、利潤は三千万から五千万ドルに留まりました。なぜかと言うと、中国の多くの製造業は原材料の加工や低価格のOEM（相手先ブランドの生産）がほとんどで、利益は薄く、多くのエネルギーを消耗してしまっています。

このような輸出を続けていては、GDP（国内総生産）を引き上げこそすれ、中国人に本当の富をもたらすことはありません。それだけではなく、公害など社会にかえって悪い影響を与えてしまいます。金融危機以降、例えば昨年十億ドルだった輸出額が来年は六億ドルになったとしても、そのうち一億ドルが利潤となればいいのです。これが最大の変化です。

輸出自体に問題はありませんが、輸出の構造に問題があるのです。この構造に変化が生じれば、輸出量は下がりますが、利益率は上がります。製造業は、小規模で個性的で付加価値の高い生産を目指すべきです。

今後数年の間に中国企業も値段交渉の能力をつけていくでしょう。以前は、例えば瓶を作っている会社が広東省に二千社あったとして、一社が一元で作ると言ったら、八角で作るという会社が出てきて、それなら七角という具合に際限のない値下げ競争をしてきました。価格は下がる、原材料は上がる、コストも高くなり、アメリカはどんどんドルを刷る。これでは中国の富が増えるわけがありません。

このような状態が続けば国も、経済も、企業も、庶民の生活もダメになるのは時間の問題です。しかし、今回の金融危機の影響で二千社あった瓶製造会社があらかた潰れて五百社だけ残った時がチャンスなのです。世界中が瓶を探しはじめます。ベトナムにもない、インドにもない、メキシコにもない。中国にしかないから、経済は回復するのです。

なぜ中国にはあるのか。中国は巨大な産業をリンクするシステムが構築された製造業の基地だからです。そして、先ほど話したクレジットカード危機があります。サブプライムローン危機以降、アメリカでは多くの人が家のローンを払えなくなり、破産することもできず、大変な苦痛を味わっています。大部分の人が自己破産をせずに限られた給料からローンを返しています。しかし、アメリカ人の消費形態は明日の金を使い、他人の金を使うというスタイルです。ドルが重要な通貨である以上、毎日ドルを刷ることで問題を解決しようとしていた結果、通貨の膨張を招き、多くの人がその影響を受けました。

このような状況において、長年の過剰消費の習慣によりアメリカのクレジットカードは貸越状態になっています。アメリカ人は払えるかどうかは気にせず、まずは使ってしまう。それでは銀行とクレジットカード会社は困ります。以前はどんなカードでも上限は五千ドルだったのが、今は三千ドルになっています。これは大変大きな変化です。

三千ドルの意味するところは何かと言うと、アメリカ人が安いものを買うしかなくなるということです。使えるお金が減るのですから、安いものを買わなければなりません。安いものを買うなら、なんといっても中国です。ベトナムやメキシコでは作ることができない。だから中国商品にはプレミアムがつきます。中国の輸出は大きく変わっていくでしょう。その向かっている先は決して量を求めるものではありません。

また、アメリカのここ数年の戦略における最大の間違いは、アウトソーシングです。アウトソーシングは耳触りの良い言葉で、企業の中核部分やブランド、研究開発部署をアメリカに残し、製造はアジア、主に中国へ外注し、そこにブランドのタグをつければ出来上がりというわけです。

ところが、実際の経済の流れは想定通りにはいきません。中国には巨大な製造業のリンクが出来上がり、研究開発の部署も製造がメインになってきます。製造で金が儲かるようになれば、次の段階は研究開発だと気づき、なんとか人材を発掘しようとし、さらにはブランドについて考えるようになります。製造業が基地化した後は、こういった問題について考えるようになるのです。

アメリカの製造業は外国へと流れています。もう一度国内の製造業を立て直そうとしても、四、五年はかかるでしょう。もちろん飛行機の製造やハイエンドの製造業はまだ力を持っていますが、一般的な製造業にはもうその余力はありません。以前は私も五キロくらいなら楽々と走ることができました。当時は自動車を持っていなかったので、どこへ行くにも自転車か歩きでしたが、今は自動車にばかり乗っているので二キロ走るのも大変でしょう。何とかしなければと思ってはいるのですが。

皆さん、中国は世界の重要な輸出基地であり、製造業大国です。この地位はまだ変わらず、アメリカもヨーロッパもまだまだ中国から輸入しなければならない状態なのです。

内需市場はどこに

第三の大きな変化は、これから二、三年のうちに中国の内需市場が大きく伸展するということです。

中国経済の多くは輸出に頼って発展してきました。先ほどの話の十億ドルのうち六億ドルしか輸出できなくなるとしたら、残りの四億ドルはどこへ行ってしまうのでしょう。中国国内で消費されるのです。中国の内需市場の勢いが盛り上がらなければ、中国経済は危険にさらされます。中国市場の大きな潜在力を開発すべく、中国政府も内需市場の拡大に躍起になっていることを感じている人も多いでしょう。

これまで内需を引っ張ってきたのは不動産、携帯電話、自動車といった一連のハードウエアの消費でした。では、今後、大量の投資を呼び込む内需市場とはどこにあるのでしょう。教育、社会保険がそれです。誰にも言えることですが、もし社会保険がなかったら、年をとった時のことを考えてお金を使うことをためらうでしょう。教育、社会保険、医療保険はセットにして力を入れていかねばなりません。

中国は内需を拡大すべきだ、中国の国内流通を盛んにすべきだと何年もの間言われ続けていますが、なかなか進んでいないのが現状です。不動産や自動車以外、ソフトウエアの市場には関わってきませんでした。人々が本当に求めるソフトウエアの市場はまだ立ち上がってきていないのです。

改革が必要なことは誰もが知っています。しかし、状況が良い時には改革せずにいて、状況が悪くなると改革どころではなくなる。ここ数年は掛け声ばかりで、手をつけることはありませんでした。インターネット業界のレベルを上げるために、さらに多元化するためにやらなければならないと何年も言われてきて、そう思っているのに、改革してこなかった。それは状況が良ければ変えられないし、悪くなれば変える度胸がないからです。しかし、今回は変えないわけにはいきません。世界の情勢が変わり始めているのです。中国国内も変革を始めるほかないのです。だから内需市場は必ず激烈な変化をすると、私は考えています。

若者は住居の賃貸を学ぶべし

内需市場を引っ張る過程で、アリババ人の皆さんに一つ提案があります。社内の掲示板サイトに書き込もうかと考えていたのですが、ここで言ってしまいましょう。十年前、アリババの若手社員、そのころはまだ何人もいませんでしたが、彼らに「すぐにも不動産を買え」と言ったことがあります。一緒にご飯を食べるたびに言っていたので、古参社員は覚えているでしょう。私は一九九二年にマンションを買いました。社員には「四十平米以上の部屋にしろ。三十平米分しか貯金がないなら借金して七十平米のマンションを買え。七十平米しか買えないなら、ローンを組んで百平米のマンションを買え」と言っていました。しかし、今はなるべく家は買うなと言いたいのです。

これを聞いて気分を害する人がいるかもしれませんが、本当の話です。内需拡大のために不動産を買う時代はもう過ぎ去りました。現在において不動産業を活気づかせるためには、賃貸が伸びなければダメなのです。アリババ人の皆さんに家は買わずに借りることをお勧めします。

全国の杭州のような裕福な都市の経済はほぼ安定し、経済状況も悪くはありません。テレビでもやっていましたが、発表された不動産に関する政策は、国民に不動産購入を促しローンを促すものですが、私はこの政策はかなり危険だと考えています。なぜ不動産を買うのかと言えば、自分の未来を信じ、経済の発展や安定した仕事があることを疑わないからです。例えば、今の不動産価格が安いから、ローンの金利が安いからといって不動産を買ってしまったとします。その後一年経ち、二年経つうちに経済がひどいことになり、多くの会社が倒産し、自分も失業してしまったら、どうやってローンを返すのでしょう。分かりますよね。

なぜ皆さんに賃貸を勧めるのか。給料が五千元だとして、ローン返済に毎月三千元も取られてしまうことになると、生活は相当苦しくなります。毎日彼女とケンカばかりでは、やってられませんよね。逆に家賃千五百元のマンションを借りて、充実した毎日を送るというのはどうでしょう。環境が気に入らなければ引っ越せばいいし、奥さんとケンカばかりするのは風水の悪さが原因ということになれば、また引っ越せばいいのです。

奥さんにこう言ってください。今年は百二十平米の部屋を借りる。来年は二百四十平米、再来年は三百平米。五百平米の家を借りるようになったら家を買おう、と。不動産を買い損ねた人も、後悔することはありません。数日前に株式市場が最高値をつけた時に、親戚の一人と口論になりました。株を少しばかり買って儲けたと言うのです。彼が株式市場動向について語っているのを聞いて、開いた口がふさがりませんでした。一昨日電話をかけてみたら、彼の持ち株の株価は全部一割下げていたそうです。

チャンスを逃したとしても後悔してはいけません。不動産価格が下落することはないでしょう。中国十三億の人民は大量の不動産を求めているのですから。しかし、今日の情勢の下においては、お金は肝心要なところに使うべきです。収入の大半をローン返済に充てるなどということはしないほうがいい。住居の賃貸について学びましょう。六千元の給料から、二千元を家賃に充てて四千元を消費に回したら、毎日が楽しく心晴れやか、仕事もバリバリやって成績も上がり、だんだんとすべてが良くなっていきます。社会状況が悪い時の最大の財産は「気持ち」です。

賃貸価格が上昇すれば、不動産バブルは起きません。ある不動産業の社長に、そんなやり方で不動産業がまた上向くとでも思っているのかと言われました。私は不動産業を上向かせるのではなく、健康な市場にしようと考えているのです。

マンションを買っても借りる人がいなければ本末転倒です。だから、このところ不動産価格は下がってきているのです。アリババ人よ、家を借りよ。賃貸なら不動産に縛られることなく好きなところに住むことができます。

十年後、この決定をしたことを喜ぶことになるでしょう。十年前は不動産を買わなければメンツが潰れると言いましたが、今は買う方が格好悪いのです。若者よ、不動産の賃貸をマスターしなさい。

低所得者は社会の危険

もう一つ。内需拡大は、十年後の中国を世界最大の輸入国に押し上げるでしょう。この一、二年の間に元高傾向になるのは避けられません。

人民元はどんどん高くなるでしょう。それに追いつくために、アリババも進歩しなければなりません。国内市場へ提供する商品を買い付ける必要があります。この市場は四、五年のうちに形成されるでしょう。皆さんに自信と希望を持ってもらえるお話をしたいと思います。

一九九九年の設立後、アリババは二つのウェブサイトを作りました。一つは英語のアリババ・インターナショナル、もう一つは中国語のアリババ・中文。英語のサイトに投資をしていたころのアクセス数は比較的少なめで、外国からのアクセスは正直多いとは言えませんでした。なぜ英語サイトを作ったかというと、五年前にWTOへ加盟してからは、中国は輸出が主流となると踏んだからです。今や主戦力へと成長しました。

同時に中国語のB2Bサイトも立ち上げました。去年までのところ、英語サイトの売り上げはアリババ全体の六〇％を占めているのに対して、中国語サイトは英語サイトの十倍のアクセス数があるにもかかわらず、売り上げは二〇％に留まっています。中国の内需市場が成長するには、今しばらく時間がかかります。五年は輸出が伸び、次の五年は輸入が伸びると見込んでいます。

中国語のB2Bサイトには、追い風が吹いています。第一は内需拡大、第二は中国が世界最大の輸入国になることです。そうなれば、アリババの持つ二千万を超える国内流通企業はバイヤーになります。このチャンスをつかめば、形勢にも変化が生じるでしょう。

この視点から見ると、二、三年後にはアリババは中国企業が輸入するのを助けるようになり、それは将来も続くでしょう。全国各地でお客様と話をするときに、産業の多元化、アップグレードの流れは止められないと話してください。経済が悪くなっても革新に取り組まないばかりか、コピー商品を扱ったりするような企業は潰れます。その方が中国企業が健全な路線に軌道修正するためになるというものです。

現在、多くの企業は中国の労働力が安いので競争力があるといっていますが、五年後、十年後の経済には通用しません。西側諸国の工場労働者が年収三万ドルとすると、中国の労働者の年収はたったの一万元です。中国の人件費が上がるのは悪いことではありません。十分な収入があってこそ、買い物ができるからです。低所得者には購買力はなく、内需拡大は難しくなります。

国や企業は産業の変化を止めることはできません。この動きはまだまだ続きます。広東省、浙江省、江蘇省といった製造業の多い地方では失業問題が深刻化するでしょう。それを解決するために、アリババは国内市場における中小企業を、タオバオは個人の起業を全力でバックアップすることで雇用を安定させます。今後アリババが社会企業になるための非常に重要な事業になります。

起業を後押しすることで、雇用も後押しできます。昨日の午後アリババ商学院が設立されました。その目的は、就職が決まらない大学生に自分で仕事を作り出せるように育てることです。

他人に見えないチャンスを見つけろ

総じて今回の金融危機による影響は二つ。一つは内需拡大、もう一つは輸出も持続して発展していくということです。皆さん、アリババのスローガンは面白いと思いませんか。昨年二〇〇七年は多忙を極め、十一月六日に上場すると株価は四十元へ急上昇。その後、何も悪いことをしていないのに、今度は十元まで下落しました。この一年、アリババは実力を強化し、意義深いことに取り組んできました。早々と「冬の到来」を宣言しましたが、株価の下落を止めることはできませんでした。

その原因はなんでしょう。多くの企業がプールする現金はその会社の市場価値を上回っています。頭に血がのぼって、上昇するものはすべて正しく、下降しはじめると恐怖でパニックになる人が多すぎます。中国の中小企業には問題がある、だからアリババにも問題が出てくると多くの人が言います。何を根拠に言うのでしょうか。

中国には四、五千万の中小企業があり、アリババが手掛けているのはそのほんの一部です。輸出企業が百万社ある中で、アリババが手掛けているのは三万社。たったの三％です。影響力は微々たるものですが、そのことを考える人は少ないのです。いい時も悪い時も頭を冷静に保ちましょう。他人がパニックになっている時に冷静であれば、勝つチャンスを得ることができます。

バフェットの名言です。「引き潮になって分かるのは、誰が裸で泳いでいたかだ（注52）」私は経済学者でも政治家でもありませんから、自分自身の経済に対する判断と感じることを言うまでです。

インターネットが新たに迎える変化について話しましょう。この話は録画されているので、五年後、十年後に事実と突き合わせて検証できます。私は占い師ではありません。未来への構想を広げ、賛同し、努力を惜しまないことこそ、未来を掌握する最良の方法なのです。

一九九九年に中国は必ずＷＴＯに加入し、私たちの生活は必ず向上すると判断しなかったとしたら、アリババの精鋭部隊は存在しえなかったでしょう。中国の内需が高まると判断しなかったとしたら、中国語のサイトを作ることはなかったでしょう。中国のネット市場での消費がマーケットを動かすと判断しなければ、タオバオを世に送り出すことはなかったでしょう。中国の支払いシステムが政府の独占とは限らないと判断しなければ、アリペイを生み出すこともなかったでしょう。

未来への判断に基づいて行動してきたからこそ、今日のアリババがあるのです。他人には見えない危険を感知し、他人には見えないチャンスを見つけること、これが私たちの判断なのです。

インターネットの世界において、来年は広告収入に頼った企業に大問題が起きる年になると思われます。

経済は循環しています。今回の金融危機と経済危機は五年後の経済形態に激烈な変化をもたらすでしょう。先ほど話した商社の組織にも変化が生じることでしょう。もし、ワンパターンな経営で方向転換もせず、企業広告の流れにも対応しなければ、生き残るのは無理です。一昨年、昨年と好調だったとしても、それは素晴らしいパターンを持っていたからで、何もしなくても順調だったのです。しかし、経済が悪くなって企業がまず削るのが広告費です。広告収入に頼って本業の売り上げをおろそかにしていては、将来必ず問題が起きるでしょう。

（注52）加熱していた市場が暴落した時に、無防備な人は大損をすることを例えた

なぜ彼らの生存率は高いのか

このことはインターネットが電子商取引の時代に入ったことを意味するので、アリババにとっては良い話です。

二、三日前に日本でも話したのですが、今回の金融危機は人類を新しいビジネス文明へ突入させたと考えています。製造業は真の革新を迫られ、すべての企業が情報化の時代にまさしく突入したのです。

われわれ電子商取引企業は金融危機後、企業が立て直す過程において、情報化できるように、より良い管理ができるように、正確に市場を把握できるように、市場の需要に対応できるようにサポートしていく必要があります。

もし、企業が冬の時代を乗り越えるのを助け、苦境から抜け出させるノアの箱舟があるとしたら、それは電子商取引に他なりません。

中小企業は短命だと言われています。今の時代、中小企業の経営は難しくなるばかりです。しかし、よく見てみれば、電子商取引を使っている企業、アリババを使っている中国サプライヤーの死亡率はそうでない企業よりもずっと低いことが分かるはずです。

それは、アリババの働きが素晴らしいからではなく、企業自身が生き残るために革新をし、新しい方法を求める精神を持っているからなのです。

大きな困難に直面したとき、あなたを助けることができるのはあなただけです。自分自身に「生きたい」と言い聞かせてこそ、生き残ることができるのです。

今日アリババを使っている企業、電子商取引を行っている企業の生存率がそうでない企業よりも高いのは、彼らが生き残りたい、新しい方法を試したい、他より抜きん出たいと考えているからだということをよく覚えておいてください。だからこそ電子商取引は生き残りたいと考えているほとんどの企業を助けることができるのだと言えるのです。

電子商取引が問題を解決できるのは、注文生産、小規模生産で付加価値や利潤が高い企業だからです。広東省で市場調査をした時に、小企業はどこも「うちの値段はこれだ」と言い切っていました。こういう自信があり、革新的で生存能力が高い企業が電子商取引にとって最も大切なお客様です。

後ほど、衛哲がこういう企業を掘り出して成功させようという、クレイジーな計画を発表します。科学技術を信じない、生きる気力のない企業は放っておきましょう。自分を助けられるのは自分だけなのですから。

こんな話を聞いたことがあります。ある男が死に、天国で神様に会ってこう言いました。「十年も信心してきました。神様は私を救ってくれると言いましたが、実際は救ってはくれたことなど一度もなかったじゃないですか」。神様は男にどのように死んだのかと尋ね、男は洪水でおぼれ死んだと答えました。神様は死ぬ前に何をしていたのかと尋ね、男は小さな島で水が徐々に満ちてくるのを座って見ながら神様の助けを待っていたと答えました。神様はこう答えました。「私は何度もあなたを助けようとしましたよ。流木にも乗らず、船にも助けを求めず見ているだけだったではありませんか。あなたが死んだのは、生きていたくなかったからです」と。

厳密に言えば、企業であれ、人間であれ、最も困難な時、必ずチャンスが潜んでいます。しかし、頭の中を恐怖が満たしていたら、理性が働きません。昨年アリババが上場して株価が四十元までつり上がった時に、頭の中がお金だけになってしまったようなものです。

恐怖を感じている時こそ、頭を使って考えることを学ばねばなりません。頭を使って考え、目で見てチャンスを捕まえなければなりません。生き残りたい人はチャンスを現実に変えることができる人です。生き残りたい、革新したいという、小規模でも高付加価値の独特な商品を持ち、バイヤーの数や発注書の枚数よりも、生き残ることに固執している企業を見つけ出しましょう。

これからの数年間、中国のために新しい世代の企業家を育て、新しい輸出企業群を作り出しましょう。受注は広州交易会、ダメになったら政府に頼り、それもダメなら脱税して、さらには親戚や友人からも借金をしまくる。こういう企業は潰れるに任せたほうがいい。これが、皆さんと共有したい考え方です。

なぜアリババは株を買い戻さないのか

電子商取引の時代に突入した今、アリババは何をすべきか。これについては、なぜアリババは株を買い戻さないのかについてお話しましょう。

最近多くの人がアリババを批判していますが、それは全部読んでいます。昨日、アリババ設立の一九九九年から現在までアリババを批判した文章をすべて集め、本にして出版することにしました。題して『アリババの1001の間違い』。アリババを批判し、罵り、倒産する呪いをかけた文章、こんな会社は明日にも潰れる、やり方がダメ、企業文化がダメ、強気すぎる等ありとあらゆる罵詈雑言をまとめたら、きっとこれくらいの厚さになるでしょう。この本を出版して「成功したいならこれを読みなさい」と、起業しようとしている人たちに渡したいですね。

もちろん、アリババの精鋭部隊についての本も出版する予定です。ここにいる皆さんはアリババの精鋭部隊です。皆さんは革新精神、前向きな精神を持っています。社外ではアリババ精神を代表しています。いつも言う「お金や地位は保証しないけれど、苦痛、失望、落ち込みは保証します」という言葉がありますね。このことをブログや日記に記録しておけば、創業の志のある人、自身の文化を創建する志のある人が読む価値のある本になるでしょう。

アリババを批判する本は、もちろん昨年一年間のアリババ株についての話題がほとんどになります。「四十元で株を買ったのに、どうしてここまで下がったんだ。責任を取れ！」前にも言ったかもしれませんが、株が上がったからといって褒めもしないくせに、どうして下がれば批判するのでしょう。

数株買っただけで株主面する人は本当に嫌です。ちょっと花を植えただけで園芸家になったと錯覚しているようなものです。日曜大工をすれば建築家になり、数株買えば投資家の出来上がり。

「アリババを立て直すには役員を入れ替えるべきなのに、どうして馬雲は辞めないんだ」。この一年のプレッシャーと残した結果を重く受け止めています。批判を受け止め、役員を入れ替えたとしても、この重責に耐えられる人はいないでしょう。

昨日、杭州師範学院で創業当初をどうやってしのいだのかという質問を受けましたが、創業当初と比べて今の方が何倍もの苦痛に耐えています。創業当初、利益は出ていませんでしたが毎日楽しく仕事をしていました。今は、今日はこの人が会いに来た、明日はあの人が会いに来るといった調子で、自分の時間は一日二十分もありません。皆さんと会う時間もなかなかとれず、本当に申し訳なく思っています。顔を合わせることができない時も、心はいつも一緒です。

役員を入れ替えろという話題が出ましたが、もしアリババの役員が株価にばかり注視するようになったとしたら、その時こそ入れ替えるべきです。顧客の需要、社員、難関を乗り越える方法に注意を払う役員こそが優秀な経営者なのです。

また、株を買い戻さないのには訳があります。地震の時には、柱さえも頼りになりません。アリババは早々に経済に問題が出ると判断しました。この「冬」は皆さんが想像するよりもはるかに寒く、長く、つらいものになるでしょう。

友人の中には、値下がりするたびに自社株を買い戻している人もいます。やめろと言うのにどんどんつぎ込んでしまうのです。値を下げているときには社員の視線も痛いし、顧客の目も気になる。株主にも突き上げられます。気持ちはよく分かりますが、顧客や社員にきちんと対応し困難を乗り越えるために、ここは冷静に対処すべきでしょう。自分の資金をなくしてしまっては元も子もありません。

アリババは今日まで、グループ全体の現金残高を百五十億元から一銭も減らしていません。戦いの場では、小者は少しの痛手に大慌てするものですが、大将軍はゆったりと出陣します。そうでなければ、一番大切な時にやられてしまいますからね。将軍の優秀さは攻めている時ではなく、撤退する時に現れます。危機的な状況の中で、いつ攻め、いつ引くのかを見極めてチャンスをつかみ取ることができなければ、企業の発展など望むべくもありません。

十二元の時、五元の時に自己資金を突っ込んでいたら、今頃どうなっていたでしょう。百年に一度の金融危機において、アリババ株が三元ちょっとまで下がったことは、歴史に刻まれました。

冬の時代が来てよかった

私たちが幸運なのは、人類社会において経済が最も落ち込んだ時期を経験できたことです。皆さんのお父さん、おじいさんは経験したことがないでしょう。一九二九年と一九三三年にも似たような時期がありましたが、今回はアリババが成長していく過程で起こりました。六十、七十になったら子どもたちに、あの暗い時代はしんどかったと話してやってください。特に未来のアリババにいるであろう傲慢な社員には「小僧が生意気を言うんじゃない。わしがいたころのアリババは株価が三元なんてこともあったんだぞ」と言ってやりましょう。四十元が三元になることを目撃した皆さんが退職するころまでには、三元から三百元にしたいですね。ですから、この時代に生きることができて幸運だと思うのです。

幸運なことに昨年アリババは上場し、私たちはまだ若い。災害で身体が押し潰されたわけではありません。少しくらい悪く言われたり、株が下がったりしたくらいが何でしょう。アリババに信頼を寄せてくれてありがとう。世の中から非難されている時に、アリババと笑顔で向き合ってくれてありがとう。どんな人も間違いを犯しますが、聡明な人とそうでない人の違いは、同じ失敗を繰り返すかどうかです。

昨年末から今年の第二四半期にかけて、冬の時代も悪くないと強く感じています。二〇〇一年のネットバブルの時期と、去年今年はほとんど同じです。一九九七年の金融危機も経験しましたが、こういった狂気の嵐は私たちに「悪いものがやってくる」と言っています。

アリババにはチャンスがあり、私はワクワクしていますが、さすがに外へ行って「いやぁ、冬の時代が来てよかったなぁ」などとは言えません。でも、本当にそう思っています。

企業や金融に従事している人は危機に正面から向き合うようになり、形勢が良い時に問題を洗い出しておくべきだと教えてくれています。

一九九五年に初めて起業し、一九九七年に味わった炉に放り込まれて全身を焼かれるような経験は、一生忘れることはないでしょう。二〇〇一年はアリババにとって最も寒い冬でした。若い皆さんは二〇〇一年、二〇〇二年の精鋭部隊メンバーをうらやましく思っていることでしょう。あのころ入社していれば、自分ももう少し出世できたのにと思っているでしょう。SARSのころに入社しておけば、創業メンバーにだってなれたのに。

チャンスがやってきたときに、それがチャンスなのか災難なのかを知るにはどうしたらいいのでしょうか。当時、創業メンバーの十八人が大きな会社に入らずアリババに来たことを、多くの人は災難だと見ていました。二〇〇一年のネットバブルが弾けたころは、不運を嘆いていたかもしれません。SARSで会社を開けられなくなってしまった時には、社員全員がつらい思いをしましたが、過ぎてしまえばあれが良かったと全員が思えているでしょう。

今、私たちが対峙しているのは百年に一度のチャンスであり、だからこそ皆さんにここに集まってもらったのです。

アリババは今、十分な現金と人材を確保し、電子商取引のチャンスを、新しい輸出のチャンスを、内需拡大を見据えています。すべての偉大な会社は、生きるか死ぬかの過酷な洗礼を受けています。この難関を乗り越えてアリババが素晴らしい会社であることを証明しましょう。

皆が歌っている時にはそっと話そう

昨年末の社員大会で、皆が歌い踊っている時には、そっと話そう。しかし、すべての人が冷静になった時に、アリババは自分の力を発揮しなければならないと話しましたね。世界的な危機に直面しているということは、アリババが行動する時が来たということです。百年に一度のチャンス到来は歓迎すべきことです。まだ若く力もあります。これが六十歳だったら戦う気力はないでしょう。しばらくは調整期間に充て、来月皆さんが仕事に復帰した後も一カ月ほど休ませてもらうつもりです。このチャンスをつかまなければ一生自分自身に詫びなければならなくなるからです。ここにいる皆さんも同じです。

先ほど話したクレイジーな行動とは、アリババB2Bのビジネスモデルを正式にアップグレードさせることです。ビジネスマンにとって、ビジネスモデルの変更に関わるチャンスは一生に一度あるかないかです。私たちは普通の会社の二十五年分の歴史をこの九年間で走り抜けてきました。

売り上げ三十億、利益十数億を達成するためには、これまでだったら二十五年はかかっていたでしょう。一般的に、起業して五年は利益が出ず、その後の五年で一億ほどの利益が出始め、それが五倍になるのに五年を要し、十億になるにはざっと二十五年はかかります。その頃には経済情勢に変化が出ていて、ビジネスモデルの変更を迫られるでしょう。ビジネスモデルの変更は企業にとって最もつらく痛みを伴う仕事です。ここに、アリババは世界金融危機の暗黒時代が過ぎ去った時期に、皆さんと一緒にビジネスモデルのアップグレードを行うことを宣言します。詳しいことは後ほど、衛哲から話してもらいます。

ここからは、今年何をやってきたか、なぜ私たちはこのような能力を身につけることができたのかについて話そうと思います。去年の年初はまだ上場する気はないと言っていたのに、なぜか突然アリババＢ２Ｂの上場について相談を始めたのは、面白いと思ったからです。討論を重ねた結果、良好な経済状況はいつまでも続かず、何にも周期があり、アリババＢ２Ｂはビジネスモデルのアップグレードをする必要があると結論づけました。ビジネスモデルを変更するとなると、タオバオをはじめとする乳飲み子たちをどう育てるかが問題になります。そこで、まず上場の準備を始めました。去年の十二月に上場するまで、アリババは迫り来る危機への準備とビジネスモデルの変更の準備に集中しました。

改革の第一歩として、上層部を刷新します。

改革において一番の難所が上層部の存在であり、新しいリーダーチームに任せるべきなのです。そうでなければ、新リーダーは実力を発揮できません。皆さんも私も、一歩一歩つらい道のりを歩くことになります。他の取締役も同じです。九年も愛してきた会社です。一年に一カ月くらい休みたいと言ってはいましたが、実際に休むとなると仕事から離れるのがとてもつらいのです。

三月、四月には改革の第二歩を進め、社員の契約状況を整理します。多くの社員にとってはつらい時期になると思いますが、その方向は間違ってはいません。変革の過程において新しい文化と古い文化の衝突などの問題が出て来るでしょう。

組織の改革の準備も進めています。特に三月からはタオバオ、アリペイ、アリソフト、ヤフーチャイナにおいて全面的に手を入れていきます。アリババ人なら知っていると思いますが、私にとって一番つらい時期は今年の二月でした。二月には外で何かが起きるだろう、そして内部も調整が必須となるだろうことを予感していました。古い人たちが去っていくのはとても残念でつらいことです。しかし、そうしなければアリババはこれからの道のりを歩いては行けなくなってしまいます。これから先の五年、十年のために新しい社員を入れなければなりません。

そして、新しい社員はアリババの文化に融合しなければなりません。必要な時に必要な人材を採用しています。いつまでも創業のころに留まってはいられません。創業の精神は守りながらも、状況が変われば新しいリーダー、新しい力が必要になります。改革はグループ全体で同時に行います。これから数知れない懸案事項が出てくるでしょう。

越冬中は何をすべきか

三月からはタオバオの上層部の異動を開始します。陸兆禧はタオバオへ、邵暁峰はアリペイへ、そして、ヤフーとコウベイを統合し、道をつけていきます。四月、五月は国内業務が一番忙しい時ですから、その時に大きな改革を行ったら会社にとっても大きな損失となるでしょう。だから三月に行うのです。

多くの人が私のチャリティーへの態度を批判し（注53）、うわさも多い中で、アリババを信頼してくれてありがとう。私に代わって多くの批判を受け、つらい思いをしたことでしょう。しかしアリババは社会に、そして皆さんに顔向けできないようなことは何一つしていません。

五月、六月は改革の全体的な検討を行い、六月、七月は、グループ全体が越冬の準備に入ります。実際に越冬を始める時には、完全に態勢が整うようにします。スローガンは「穴を掘り、食料を蓄えよう。より強く、よりよく、大きさはそのままで」このスローガンを覚えていますね。

他の人たちが対応を始めるころには、私たちは予見した時代に突入しているのです。このチャンスをつかみ切らなければ、この予測や判断にずれが出てしまいます。

越冬中は何をすべきか。基本に立ち返りましょう。使命感、価値観、顧客第一主義に立ち返り、情熱をたぎらせ、仕事を愛しましょう。

この危機には感謝したいくらいです。一月はまだ株価も高く、若手社員が心を落ち着けて仕事ができない状態で、私も苛立っていました。毎日株価を見ては、何かとイライラしている人が多かったですね。この金融危機が「株価は落ちる。それも三元まで落ちる」というメッセージを発してくれたことに感謝します。また、三元になってもさらに前進できることを教えてくれたことにも感謝しています。

アリババ人の友情は永遠です。熱血精神と兄弟愛は永遠です。もし明日からクレイジーな計画をスタートさせるとしたら、この計画に賛同しない人はアリババを離れるかもしれません。それは悪いことではありません。また会う機会もあるでしょう。悪いのは、アリババにいながら協調せず助け合わないことです。私たちは同じ船に乗っているのですから、助け合うのは当たり前です。ビジネスモデルの変更を成功させ、中小企業が難関を突破するのを手伝いましょう。

私たちが立ち返るべき基本は、使命感をもって中小企業の難関突破を手助けすることであり、顧客第一主義を回復させることであり、情熱を持って仕事を愛し、チームと共に継続的変化を続けることです。これからの三年、一人一人が着実に歩みを進めてください。

（注53）四川大地震の際に馬雲は一元だけを寄付したことで大きな論争が巻き起こった

水、電気、ガスを提供

最後にグループの状況について、皆さんに報告します。

アリババグループの「世の中から難しい仕事をなくす」という使命は変わりませんが、これから五年の間にさらに具体化し、開放的で助け合い、繁栄できる電子商取引の生態系を作り上げます。

戦略の定位：アリババグループは電子商取引の運営を行い、電子商取引のインフラを提供する。つまり、電子商取引を行うすべての企業に水、電気、ガスを提供すること。これを電子商取引の世界を作る戦略の定位とします。

アリババの遠望：百二年発展し続ける会社になる。そして今日、十年以内に世界三大インターネット企業の一つになるという目標を、世界最大の電子商取引企業となることに変更します。世界最大のインターネット企業にもなれるかもしれません。皆さん、グーグルはすごいと思っているでしょう。十年後を見てご覧なさい。グーグルは、アリババは十年前に準備を開始していたのだと感じているに違いありません。今日からは、世界最大のインターネット企業になることを目標としていきましょう。

そして、最も力を入れていきたいのが中国のベスト・エンプロイヤーになることです。多くの社員が不満を持ち、ストレスを感じ、がっかりしていることを知っていますが、それは幹部が悪いのでも、同僚が悪いのでもなく、一人一人が前へ向かって進んでいるからです。ベスト・エンプロイヤーになったとしても、完璧にはならないでしょう。何年かしたら、皆さんともう一歩踏み込んだレベルの高い話をしたいと思います。十年以上アリババで働いている社員と、人生の意義について話し合いたいものです。

タオバオの戦略はかなりハイレベルなものだと思います。私たちは全力で新しい商業文明を作り、それを広めようとしています。今回の世界金融危機に端を発して多くの事件が起きました。ウォール街の金融危機、まだ残っている九一一の問題、三鹿粉ミルク事件（注54）、昨日のニュースでは、卵からもメラミンが検出されたと報じていました。人類社会は新しい商業文明へと進んでいかなければならず、社会的責任はその一部です。タオバオは三年以内に「ショッピング＝タオバオ」となることを目指します。これまでは「タオバオ＝ショッピング」でしたが、これを逆にして、買い物をしたい人がまず思い浮かべるのがタオバオになるようにします。

今は大都市に照準を合わせていますが、北京ではネットユーザーの五人に四人がタオバオのユーザーです。上海も同じくらいです。今後は中規模の都市へも進出していきます。毎月のページビューは五億を超え、サイトとしては第二位につけています。先月からはタオバオのアクセス数は騰訊を超えました。もちろん第二位に甘んじることなく、さらに上を目指していきます。

皆さんはバイドゥとの競争に関心があるようですね。競争は永遠の楽しみの一つです。一番楽しいのは、タオバオとイーベイとの競争です。イーベイは当時一、二億の取引高しかありませんでしたが、タオバオは百億です。パイパイやバイドゥが参入してきたのですから、一千億を兆へと成長させなければなりません。バイドゥも能力があるのなら同じようにできるのでしょうが、今はまだそのような能力があるとは思えません。

どんな競争相手が現れても勝つことができるように、タオバオを偉大な会社にしましょう。ビジネス社会では競争に尻込みしてはいられません。継続的な変化が必要です。しかし、社会的責任を負わないような企業とは競争したくはありません。そのようなわけで、タオバオには独自の新しい商業文明が必要だと考えたのです。まだまだ改善すべき点はたくさんあります。これからの三年、タオバオは変わり続け、魅力を振りまき続けます。競争相手がいなければ成長できませんから、パイパイやバイドゥにもがんばってほしいところです。

タオバオの来年の目標は「お客様にさらに快適なショッピング環境を提供し、内需を拡大し、中小企業の国内販売を助ける」です。アリババB2Bもタオバオと一緒に展開していきます。ショッピングと言えばタオバオと言われるような、強いブランドに育てていきます。

アリペイは、世界最大のインターネット決済サービス企業となることを来年の目標としています。現在、アリペイより大きいのはペイパルだけ。つまり世界第二位です。来年の六月にはペイパルを抜き、世界一の決済サービスのブランドになると予測しています。

しかし、世界最大のインターネット決済サービスのプラットホームとなることが最終目標ではありません。「インターネット」の文字を取り去って、世界最大の決済サービスを行う企業になる方がさらにいいでしょう。すべての人にアリペイを使ってほしいのです。現在の登録者は一億人。毎日の取引額は五億を超えていて、ここ数日は六億近くまで達しています。法人のユーザーは四十六万社、第三者機関の予測によれば、第二四半期の市場占拠率は五八％です。

来年はシステムをさらに安定させ、安全な取引を確実なものにしましょう。世界最先端の決済システムを作り上げ、世界で最も使い勝手の良い決済サービスを提供しましょう。

アリソフトは、既に中国最大のオンラインソフト提供プラットホームとなり、六十五万の購読者、百六十二万のサービス提供者、そしてワンワン（注55）には二百七十万もの人々が同時にアクセスしています。内部の数字を見る限り、既にＭＳＮを抜き、ＱＱに次ぐ第二位のインスタントメッセンジャーとなりました。ただ、一位との差はあまりにも大きく、それを食ってしまうのは無理というものです。一番いいのは共存です。ＱＱにはさらに良くなってもらい、うちのワンワンには電子商取引のシステムを完璧にするように頑張ってもらいましょう。

アリババの五傑がここに集結しました。私たちは世の中へ向けてアリババ精神を示し、アリババの使命感と価値観を示す精鋭チームです。皆さんがアリババに名声をもたらし、十年後に全世界の電子商取引の認識を変えるチャンスをもたらし、中国の若者に対する認識を変えたのです。

アリババ人は電子商取引の歴史を創造し、インターネットの歴史をも創造するチャンスをつかみました。一緒に経済危機という難関を突破しましょう。三年後に経済が回復するころには、世界で最強の電子商取引グループになっているでしょう。

（注54）粉ミルクにメラミンが混入したため、乳児が腎結石となった事件。原料の牛乳に混入していた

（注55）アリソフトが運営するインスタントメッセンジャー

アリババ人のために何かしよう

社員の皆さんの支持に感謝します。アリババを愛してくれてありがとう。株主の皆さんの中には二十元くらいの時にアリババ株を買い入れた人もいるでしょう。こんなに下がっ

てしまって残念に思っていることと思いますが、また株価を戻す日が来ます。

この二〇〇八年、経済が最も混乱し、最も輝いていた年に、三元という株価を歴史に刻んだことを忘れることはないでしょう。この歴史を二度と繰り返すことはありません。ここにアリババグループを代表して、皆さんにお知らせします。

第一に、アリババ株を買うための借入資金の利息をグループで負担します。それほど多い額ではないかもしれませんが、アリババに参加し、守り、アリババ株を保持してくれている社員への敬意と感謝を示すものです。この措置は十一月一日から開始します。詳細はＮＰＯの彭蕾からネット上に通知を出します。

資金を借り入れなかった、返済してしまったからといって不公平に感じるような人は、アリババ人ではありません。詳しい説明は省きますが、アリババ人のために何かしたかったのです。

第二に、返済期限を三年伸ばします。アリババ人が団結し、お互いを思いやる気持ちです。

十一月一日からアリババグループはチャンスをつかみ、自分の時代をあらためて作るべく基本に立ち返ります。三年後、もしかしたら場所はここではないかもしれませんが、再び集まりましょう。今日のアリババとは全く違うアリババになっていることを信じて止みません。

改革には痛みや喪失が伴います。私は衛哲が率いるアリババを全力で支持します。全社員の皆さん、新しいリーダーの行う大胆な改革やビジネスモデルの変更を全力で支持し、アリババの使命感、価値観を沸き立たせ、全力でお客様が難関を突破する手伝いをしましょう。中国企業の内需拡大を助け、さらに多くの人々の就業を支援しましょう。行く先々でアリババの精神である文化と価値観を示してください。皆さん、頼みましたよ。

今年も皆さんと会う時間を持つことができませんでした。もし私が必要なときにはメールをください。電話をください。時には本社へ顔を出してください。来年は皆さんともっと会おうと思います。ありがとう。

第十四章　最後に太陽のもとに立つのはアリババ人

2009年、ついにアリババは創業から10周年を迎え、社員数は1万7000人を超えた。この10年間のうちにアリババB2Bは香港市場に上場し、時価総額100億ドルを超えるまでに成長を遂げた。

■二〇〇九年九月十日

アリババ十周年式典での講話

アリババ設立十周年。社員一万五千人。アリババのインターネット王国は確立されていた。

今夜の準備に要した十年

皆さん、ありがとう。実際のところ、先ほどのショーで消耗した体力がまだ戻ってきていません。まさかこの私が一万人を収容するようなスタジアムでショーに出ることになるとは思いもしませんでした。ここ十日間は緊張しっぱなしでしたが、舞台に上がってショーを終えると、降りたくない気持ちになったのです。一緒にショーをやった幹部の皆さんも感動冷めやらず、バックステージで話し込んでしまいました。そこで、ここにまた上がってきて、アリババの十年を皆さんと分かち合いたいと思ったというわけです。

今夜の準備に十年を要しました。

十年前にもう考えていたんです。十年後に社員にどう話そう、お客様に、友達にどう話そう、何を話そう。十周年が近づくにつれ、心が高ぶって、話したくてたまらなくなってきました。それなのに、ここ数日は何を話せばいいのか分からなくなり、夜もよく眠れない有り様です。こんなに大勢のアリババ人とその友達に会えて、何も言う必要はなくなりました。十年来、アリババ人全員がやってきたことがすべてです。皆さんに感謝します。

十年前、私の家で私と十七人の創業メンバーは一緒に地図を描きました。中国のインターネットはどのように発展するのか、電子商取引はどのように成長するのか二時間かけて話し合い、この道を歩むことになったのです。

十年やっていける保証などありません。何らかの原因や状況がアリババのビジネスを頓挫させ、インターネットの世界から消し去ることになる可能性は大いにあります。この十年、なぜ生き残るだけでなくさらに成長することもできたのか、自問自答しています。

私たちの能力は最強というわけではありません。もっとすごい人を大勢知っています。今の若手社員でさえ、十年前の社員よりよほど能力があるくらいです。私たちより勤勉な人、聡明な人は大勢います。それなのに、これまで何とか生き残ることができた喜びを、ここにいるすべてのアリババ人と友人の皆さんと分け合いたいと思います。

インターネットの時代に生き、中国に生活していることは本当に幸運です。創立したその日からアリババは感謝の気持ちでいっぱいです。感謝したい人が大勢います。

まず、十七人の創立メンバーに感謝します。どんなことが起こっても、私の背後を守ってくれました。そして社員の皆さんが私と一緒に走り続けてくれていることにも感謝します。皆さん、ありがとう。

アリババのビジネスモデルが理解されない時代もありましたが、お客様は、私たちが夢をかなえる手伝いをしてくださいました。

社員の家族の皆さんの支えがなければ、アリババ人は昼夜の別なく問題に取り組み、お客様のために奮闘することはできなかったでしょう。ありがとうございます。

投資者の皆様にも心から感謝申し上げます。彼らの信頼を得ることができなければ、今日の日を迎えることはできませんでした。そして私の大勢の友人たち。ここにいるアリババの友人の皆さん、公務員の方もたくさんいらしています。電子商取引を信じ、アリババを信じ、中国の中小企業を信じてくれた友人の皆さんに心から感謝申し上げます。

他にもまだまだ大勢感謝したい人がいます。杭州のタクシーの運転手さんたち、西湖の船頭さんたちは常にアリババを宣伝してくれました。杭州市民の皆さんの支えがあったからこそ、私たちはここまで来ることができたのです。

多くの方々の支持を受け、アリババは十年来恩に報いることを心に刻んできました。九年前、第一回の社員総会で百名の社員を前にしてこう言いました。アリババを杭州の誇る会社にしよう。杭州の人々が自分の子どもを入社させたい会社にしよう。自分の恋人や夫や妻がアリババに勤めていたらうれしいと思ってもらおう。会社をどんどん大きくして、杭州だけでなく、浙江省が、いや、中国が、世界が誇る会社になろう、と。

旅はまだ始まったばかりで、これから歩むべき道はまだまだ長いのです。

創業者の職位から離れて

二十二世紀までの九十二年をどうやって進んでいきましょう。

十年前、アリババが生み出したものは二つ。一つは社員、もう一つはお客様です。これから十年、持ち続けなければならないものを、分かち合いたいと思います。

アリババは使命感と価値観によって動いている会社です。この八年、四半期の度に価値観の審査をしています。毎日の仕事を自分の使命感を頼りに頑張っているのです。アリババは理想主義の会社だと言う人がいますが、私は理想主義と現実主義に満ちた会社だと感じています。

もしアリババに理想がなければ、これまでやってくることはできなかったでしょう。また、現実的に一つ一つの仕事に取り組んできたことも忘れてはいけません。十年先も理想主義であり、地に足のついた会社であり続けます。そして、ウォール街の投資家がどんなに文句を言ったとしても、永遠に顧客第一、社員第二、株主第三の姿勢を貫き通します。今までの十年も、これからの十年も、中小企業を対象とした電子商取引に集中し続けます。そうすることによって、私たちのビジネスも長続きするようになります。なぜなら、中小企業が、中国、世界の電子商取引がアリババを必要としているからです。

十周年の今日、皆さんの情熱に触れ、これから九十二年を見据えて武者震いをする思いです。昨夜から今朝にかけて、アリババの創業メンバー全員からの辞表を受け取りました。明日から、アリババは新しい時代に足を踏み入れます。私たち十八人は自分の栄誉に背いて仕事をしたくはありません。

創業者というプレッシャーから解き放たれ、今夜は最高に気持ちよく眠れることでしょう。今日、創業者の職位を辞し、明日の朝、アリババが受け入れてくれるのならば、あらためて入社したいと思います。これまでを白紙に戻し、新しい十年をゼロから始めたいと思います。

創業メンバーからの辞表を受け取り、心のこもった話を聞き、心から感動しました。すべての辞表を社内のサイトにアップロードする予定です。

世界は大きく変化しています。インターネットの発展、グローバル化、金融危機。先ほど見た三分間の映像にも、メラミン混入粉ミルク事件、地球温暖化などの問題が取り上げられていました。

この世界は、新たな商業文化を求めています。自己中心的な企業は利益を求めるあまり、社会に目が向かなくなっているのではないでしょうか。二十一世紀を生きる私たちは、新しい商業文化のもと、自分と社会、環境、顧客との関係をあらためて問い直さなければなりません。

今後十年をどう舵取りしていくか、どのような会社になるべきかについて、創業メンバーと繰り返し話し合ってきました。いや、どのような会社になるべきかではなく、世界はどのような会社を求めているか、です。二十一世紀には二十一世紀の理念を持った会社が必要です。アリババをもっとオープンで、分かち合うことを知り、責任を負うことをいとわず、グローバルな視野を持つことの必要性を分かっている会社にしたいのです。

政治家、芸術家、建築家と同じ責任を負う

世界が求めているのは社会的な会社です。社会に属し、社会に貢献し、未来の社会に責

任を持つ会社です。精神、文化、信念、夢を求められています。これからの十年、アリババ人はアリババの信念を守り、文化を守り、夢を守らなければなりません。夢が、理念が、使命が、価値観があってこそ、これからも歩み続けることができるのです。

アリババ人の努力を通じて、インターネット、電子商取引を通じて全世界の企業へ平等で効率の高いプラットホームを提供できたら素晴らしいですね。十年後の中国では、民間企業と国有企業の区別がなくなり、誠実な経営をする企業だけになってほしい。外資企業と中国企業、大企業と零細企業の区別がなくなり、誠実な経営をする企業だけになってほしいのです。

利益だけを目的にするのではなく、社会へ貢献し、よりよい社会になるように尽力してほしい。経営者、ビジネスマンである私たちですが、政治家、芸術家、建築家と同じ責任を負い、社会の発展を促進するエネルギーとなりたいと思います。

これまでの十年は皆さんのおかげでやってくることができました。これからの十年、アリババは自分のプラットホームを通じて、無数の企業の成功をお手伝いし、無数の起業家がアリババのようになることができるようお手伝いしていきます。十八人から始めた会社が、今では一万七千人の社員を抱えるまでになりました。永遠に社員は第二だと言いましたが、私たちは多くのお客様に百万長者になってもらうことだけに満足せず、社員の幸福にも心を配ります。二〇一〇年にはアリババ人の幸福指数を測ります。

社員の皆さん、物質的に豊かになるだけでなく、心も豊かになってください。アリババ社員が成熟し、社会に認められ、尊重され、真面目に生活し、楽しく仕事をし続けてくれることを願ってやみません。

アリババを信じ、支えてくださる株主の皆さん。アリババは実際の行動をもって、厚く報いていくことをお約束します。しかし、私たちは金銭だけで報いるのではありません。アリババの株主の皆さんには、社会の発展を促進し、社会的責任を負い、雇用を助け、夢を叶える会社に投資をしていることを誇りに思っていただけるように、アリババに投資して満足だと思うようになっていただきたいのです。

一億の雇用機会を創造

十年前、王国平書記（杭州市人民代表大会常務委員会書記）とわが家でお話していた時に、アリババは十年後に時価総額五十億ドルの会社になると言いました。当時、なんとか五十万元をかき集めたところで、王書記は熱心に頷いてくださいましたが、多くの人は

「何を言っているんだ」と思ったことでしょう。

十年来、多くの人に「アリババが言っているのは絵空事だ」「アリババにはこれはできないだろう、あれもできないだろう」と言われてきました。しかし十年経って、アリババグループのうち一社は上場を果たし、時価総額は百億ドルを超えました。十八人だった社員も一万人を超え、中国だけでなく世界の二百を超える国と地域との取引があります。今日ここでアリババの社員、お客様、友人の皆様へ、十年後を見据えた具体的な目標をお話したいと思います。

第一の目標は、中小企業一千万社のための電子商取引プラットホームを作り、全世界に一億の雇用機会を創造することです。全世界の十億人がショッピングできるプラットホームを作ります。一千万の企業のためのプラットホームを作ることで、技術、インターネット、電子商取引を通じて、中小企業がいかなる大企業とも平等に競争できる社会の構築を目指します。そして消費者の皆様が本当に安くて良いものを受け取るお手伝いをするために、さらにサービスを強化させます。例えば、電気料金を六十元少なく払ってしまったおばあさんが銀行で長い行列に並ばなくても済むように、アリババのサービスを利用すれば工商銀行のトップが受けているのと同じサービスを受けることができるようにします。

一千万社の中小企業、一億の雇用機会、十億の消費者。このようなことを言うと、大勢の人が異議を唱え、嘲笑し、揶揄するでしょう。それで結構。アリババ人は慣れています。私たちがアリババのサービスを利用していただくために、生活を豊かにするために、社会の発展を促すために働いていることを、世界は忘れないでしょう。

アリババ人の皆さん、九十二年の道は長く険しいでしょう。アリババで働くということは、給料をもらうためではなく、夢の実現のため、一つのことを成し遂げるために働くということです。私が自分を励ますために、そして皆さんを励ますために何度も何度も耳にタコができるくらい言ってきた言葉を、ここでもう一度言いたいと思います。今日も過酷、明日も過酷だけれど、必ずや素晴らしい日が訪れます。多くの人が倒れゆく中で、最後に太陽のもとに立つのはアリババ人なのです。

世界がこの舞台を、このチャンスを用意してくれたのです。アリババのすべての英知を結集し、すべての勇気と努力を以て、一千万の中小企業の生存のため、雇用機会創造のため、十億人に素晴らしい商品を提供するためのプラットホームを提供しましょう。電子商取引の頂点に立つのは、アリババなのです。

皆さん、ありがとうございました！

■二〇一〇年五月七日
アリババ集団結婚式でのスピーチ

アリババの一万七千を超える社員の平均年齢は二十八歳。そのうち男性社員は九千余人。女性社員は八千人弱。九十九組の夫婦が全国のアリババで共働きしている。

皆さん、おめでとうございます。

人生で最も美しく忘れがたい儀式をアリババに託してくれて、ありがとう。今日から今までと違う日々を送られることをお祝いしたいと思います。結婚する前は誰もが自分の世話をしていれば済んだわけですが、今からはもっと多くの人の面倒を見、多くの責任を担わなければなりません。

わが家の永遠のナンバーワンは誰でしょう。

【客席：張瑛！張瑛！（張瑛は馬雲夫人。アリババの創業者の一人でもある）】

そうです、では張瑛にとっての永遠のナンバーワンは誰でしょう。

【客席：馬雲！馬雲！】

結婚前も結婚後も、ナンバーワンはお客様ですよ。

【客席：笑い声。大きな声で「お客様って誰ですか？」】

多くの時間をかけて結婚までこぎつけたのですから、結婚前と後で話が違ってしまってはいけません。一生覚えておいてください。顧客第一、女房第一、亭主第一。両親が一番大切と言う人もありますが、結婚したら女房第一、亭主第一になるべきです。お父さん、お母さんも分かってくれるでしょう。客席の皆さん、そうじゃありませんか。

あなたが幸せなら、私も幸せ。あなたが幸せなら、ご両親も幸せ。あなたが幸せなら、友達や親戚も幸せです。忘れてはいけないのが、あなたの幸せは伴侶がもたらしてくれるということです。堅持すべきは顧客第一、伴侶第一。

第二に、アリババ六大価値観の第二条：チーム意識。結婚は二人の間のことです。今日から皆さんの結婚生活が始まります。しかし、結婚の初日は面倒事の初日でもあります。面倒事は初日からこの世とおさらばするまで永遠に続きます。

その一方で、生活の楽しみや意義は、二人の間の面倒事がもたらしてくれるという側面もあります。ですから、相手のことを恨んだりせず、自分を見直して、ずっと二人で「チーム意識」を持って仲良くしてください。両親に接するときも、子どもの相手をするときも、社会と対応するときも、ずっと二人一緒にやっていってください。

第三に、信頼。真心と言ってもいいでしょう。もし二人の間に信頼関係がなくなってしまったら、人生を共に歩むのは難しくなるでしょう。今後は両親に対しても、子どもに対しても嘘をついてはいけません。先日、息子の十八歳の誕生日に私はこう言いました。「今後どんな間違いをしたとしても、本当のことを言うのであれば、お父さんは絶対にお前の味方だ」。どうか、お互いの信頼関係を持ち続けてください。

第四に、私たちの価値観にある「勤勉」を挙げましょう。愛し合って一緒になるのですから、あれこれ言わずに一人の人を愛し続けてください。生活とはそういうものです。人間は不完全な部分こそが魅力にもなります。恋愛の情熱は長くはもちません。結婚の一番の価値、一番の境地は情熱ではなく、平淡な生活の中にこそある本物の家庭生活にあるのです。

情熱から愛情へ、男女の愛情から家族愛へ、これこそが最高の境地です。皆さんのご両親の間にあるのは男女の愛から変化した家族愛でしょう。若い人は「愛情が家族愛へ変化してしまうなんて悲しい」とよく言いますが、家族愛こそが得難いものです。血のつながらない二人が家族として一緒にいられるのですから。あなたの人生を共に歩んでくれるのは伴侶です。子どもにも、両親にもできないことをしてくれるのが伴侶です。情熱は一時のもの、しかし大切にすべきは二人の間の家族愛です。

最後にもう一つ。変化を受け入れること。いろいろな出来事が起こるでしょう。どのようなことにも積極的かつ楽観的な気持ちで対応してください。心に太陽を持てれば、どんなことにも対応できます。アリババの提唱する「まじめに仕事、楽しく仕事」を忘れないでください。私たちがこの世界に生まれてきたのは実験をするためではなく、功成り名を遂げるためでもなく、人生を体験するためです。あなたの人生体験の伴走をしてくれるのが伴侶です。

「子（なんじ）の手をとり、子と偕（とも）に老いん（注56）」。自分の選択から永遠に逃げず、前へ進んで行きましょう。問題を解決する方法は、常に問題よりもたくさんあります。

ありがとう！そして、皆さん、おめでとう！

（注56）詩経「執子之手、与子偕老」結婚式でよく使われることわざ

心としたクラウドコンピューティングサービスの提供である。アリババクラウドコンピューティングはタオバオ系列のプラットフォームのバイヤーおよび第３者ユーザーにデータ収集、データ処理、データ保存等の完全なネットワークデータ処理を提供し、アリババグループおよび全ての電子商取引システムの成長を推進している。
アリババクラウドコンピューティングはアリババグループ傘下で業務を行っている。

支付宝（アリペイ）

中国で最も多くの人が選択する第三者オンライン決済プラットフォーム

アリペイ（www.alipay.com）は 2004 年 12 月に設立された中国で最も多くの人が選択する第三者オンライン決済プラットフォームであり何億という個人と企業ユーザーに簡単で安心、確実なインターネット上の決済プラットフォームを提供している。2012 年 11 月 11 日には取扱件数が 1 億件を突破し、24 時間での取引件数新記録を達成した。

アリペイは中国の売り手がまず選択する支払い方式で、第三者機関による信用担保サービスにより、バイヤーに商品を確認させ、満足させてから支払いをしてもらい、消費者のオンライン取引上のリスクを軽減することができる。

アリペイは多くの金融機関、例えば都市銀行、地方銀行および Visa、MasterCard と提携し、国内外に決済サービスを提供している。タオバオや天猫以外にもウェブショップ、オンラインゲーム、デジタル通信、ビジネスサービス、航空チケット、公共料金などの支払いに決済プラットフォームを提供している。また、世界中の売り手に対して、中国の消費者に直接販売するためのオンライン決済サービスを提供しており、14 カ国の主要外貨取引をサポートしている。

アリペイは、アリババグループの関連企業である。

聚劃算（ジュファサン）
中国の総合共同購入サイト

ジュファサン（www.juhuasuan.com）は中国の総合的な共同購入サイトであり、2010年3月タオバオにより設立され、2011年10月から独立運営されている。その使命は消費力を集結させることであり、割引価格で総合的優良商品および生活サービスを提供している。ジュファサンはアリババグループ傘下で業務を行っている。

一淘（イータオ）
中国のオンラインショッピングサーチエンジンの提供

イータオ（www.etao.com）は中国全体の商品、バイヤー、セール情報をカバーするオンラインショッピングサーチエンジンであり、2010年10月タオバオにより設立され、2011年6月から独立運営されている。イータオの主旨は消費者のオンラインショッピングの際の購入決定、さらには低価格、高品質な商品を素早く探すために役立つ「ワンストップショッピングエンジン」の構築である。

イータオの機能とサービスは商品検索、セールおよびクーポンの検索、レストラン検索、電子掲示板等となっている。

イータオの検索結果は多くのB2Cオンラインショッピングサイトとメーカーの商品とその情報、例えばタオバオマーケットプレイス、天猫、アマゾン中国、当当網、国美電機、一号店、ナイキ中国、VANCL等をカバーしている。
イータオはアリババグループ傘下で業務を行っている。

阿里雲（アリババクラウドコンピューティング）
クラウドコンピューティングとデータ管理プラットフォームの開発メーカー

アリババクラウドコンピューティング（www.aliyun.com）は2009年9月に設立されたクラウドコンピューティングとデータ管理プラットフォームの開発メーカーであり、その目的はネットワークデータを共有する最も優れたサービスプラットフォームの構築とデータを中タオバオマーケットプレイスは世界で最もアクセス数の多いサイトの1つとなっている。2013年3月31日までの年度において、タオバオマーケットプレイスと天猫 Tmall の合計取引額は1兆元を突破した。
タオバオマーケットプレイスはアリババグループ傘下で業務を行っている。

天猫 Tmall.com
中国を代表するB2Cハイエンドブランド商品小売サイト

天猫（www.tmall.com）は中国を代表するプラットフォーム式B2Cオンラインショッピングモールであり、消費者への良質なオンラインショッピング提供に尽力している。2008年4月タオバオマーケットプレイスにより設立、天猫は2011年6月にタオバオのC2Cマーケットから独立し、B2Cショッピングモールを独自に運営するようになった。独立以来、天猫は日増しに成熟する中国消費者のハイブランド商品購入場所となっている。Alexaランキングによると、天猫は中国で最もアクセス数の多いB2Cショッピングモールとなっている。

2013年3月、7万余りの国内外ブランド、ユニクロ、ロレアル、アディダス、P & G、ユニリーバ、GAP、レイバン、ナイキ、リーバイス等が天猫にオフィシャルストアを開設。天猫では異なる業界の専門店「家電モール」「書籍モール」「家具モール」「デザイナーシューズモール」「美容モール」等を開設し、個々の業界の特色を生かし、顧客に合ったサービスを提供している。特別セール期間中の2012年11月11日、天猫とタオバオマーケットプレイスの1日の取引額は191億元の最高記録を達成した。2013年3月31日までの年度において、タオバオマーケットプレイスとTmallの合計取引額は1兆元を突破した。
天猫網はアリババグループ傘下で業務を行っている。

スを提供し、40以上の業界の製品を扱っている。

アリババグローバルトレードマーケットは、アリババグループ傘下で業務を行っている。

1688
中国を代表する小企業向け国内電子商取引プラットフォーム

1688（www.1688.com 前アリババ中国交易市場）は1999年に設立され、現在中国を代表する小企業向け国内電子商取引プラットフォームとなっている。1688は早くからB2B電子商取引プラットフォームを確立し、近年では段階的にインターネット上での卸売および購入マーケットに発展させている。当該業務の重点の1つは淘宝系列プラットフォームの売り手の仕入れ需要を満たすことである。

1688はアリババグループの傘下で業務を行っている。

全球速売通（アリエクスプレス）
世界に先駆けた小口電子商プラットフォームの1つ

全球速売通（www.aliexpress.com）は2010年4月に設立され、世界をリードする小口電子商プラットフォームの1つであり、異なる業界の小企業から提供されるあらゆる価格帯の実用消費商品が集まっている。現在、全球速売通は220以上の国と地域からの数百万人を超える登録バイヤーを有し、20以上の主要商品分類をカバー。目標は世界の消費者に対して特色ある商品を提供することである。

全球速売通はアリババグループの傘下で業務を行っている。

淘宝網（タオバオマーケットプレイス）
中国で最も人気があるC2Cオンラインショッピングプラットフォーム

タオバオマーケットプレイス（www.taobao.com）は2003年5月に設立され、中国で最も人気があるC2Cオンラインショッピングプラットフォームであり、消費者に多元化且つ実用的な安い商品選択肢提供に尽力している。2013年3月現在、約7.6億件の商品情報が登録されている。Alexa（サイトアクセス調査）ランキングによると、

アリババグループの主な業務内容および関連会社

アリババグループとは

アリババグループは多元化されたネットワークビジネスを展開し、世界中すべての人々のために簡単にオンライン取引ができるサービスの構築に尽力している。アリババグループは設立以来、小口電子商取引、オンライン決済、B2B オンライン取引プラットフォーム、クラウドコンピューティングサービスなどに加え、近年ではワイヤレスアプリケーション、スマートフォン用オペレーションソフト、インターネットテレビ等の分野にも積極的に進出している。アリババグループは電子商取引システムの開放、協力、繁栄促進を目標とし、消費者・ビジネスマンおよび経済発展に対して貢献することを主旨としている。

アリババグループは、英語教師だった中国ネットワークビジネス界の先駆者馬雲と彼の協力者 17 人によって 1999 年杭州で設立された。彼はインターネットを安全で信頼できるものとして普及させ、多くの人に恩恵を与えたいという志を抱いていた。アリババグループは個人持株会社であり、現在中国全土、シンガポール、インド、イギリス、アメリカの 70 を超える拠点に 20,400 人以上の社員を有している。

アリババドットコム（アリババグローバルトレードマーケット）
世界を代表する小企業向け電子商取引プラットフォーム

アリババグローバルトレードマーケット（www.alibaba.com）は 1999 年に設立され、現在世界を代表する小企業向け電子商取引プラットフォームとなっている。英語を基礎として、いかなる２カ国の間の取引プラットフォーム構築を主旨とし、全世界の小企業の海外市場開拓を支援する。アリババグローバルトレードマーケットは世界 240 の国と地域の数百万に上るバイヤーとサプライヤーにサービ

2010年3月　タオバオ、アリペイ、アリババクラウドコンピューティング、ヤフオクチャイナによる「大タオバオ」戦略を本格的に開始

5月　2010年より収入の0.3%を環境保全のための基金に割り当てることを発表

11月　タオバオ、Tmall.comの独立名義化を開始

2011年1月　アリババグループは中国全土に物流ネットワークの整備と、そのための投資を発表

6月　タオバオを3社（タオバオマーケットプレイス、Tmall、イータオ）に分社化

2012年1月　Tmallの中国名を「天猫」と改名

6月　アリババドットコム正式に香港株式市場から退く

7月　既存の子会社をアリババ国際業務、アリババ小企業業務、タオバオ、天猫、ジュファサン、イータオ、タオバオクラウドコンピューティングの7事業に格上げすることを発表する

9月　アリババグループ、ヤフーチャイナの株式買い戻しと再編を完了

11月　タオバオマーケットプレイスと天猫プラットフォームの売り上げが1兆元を突破

2013年1月　アリババクラウドコンピューティングと万網が合併し、新たなアリババクラウドコンピューティングに。アリババは組織を25事業部門に再編し、成長の早い中国の電子商取引がもたらすチャンスと挑戦を迎えうつ

アリババグループ沿革

1999年	馬雲率いる18人の創業者により杭州市のアパートの一室にてアリババグループ設立
1999年-2000年	アリババグループ、2,500万ドルをソフトバンク、ゴールドマンサックス、フィデリティ等より融資を受ける
2002年	アリババドットコム、黒字化
2003年	消費者向けECサイト「タオバオ」設立
2004年	オンライン決済システム「アリペイ」設立
2005年	アメリカYahooと業務提携。同時にヤフーチャイナを買収
2006年	コウベイドットコムに戦略的投資
2007年1月	業務用ソフトウェア開発「アリソフト」を設立
11月	アリババドットコム、香港株式市場に上場
	オンライン広告事業「アリママ」を設立
2008年6月	コウベイとヤフーチャイナが統合し、ヤフーコウベイへ
9月	アリママ事業をタオバオに統合
	アリババグループ技術開発研究所を設立
2009年7月	アリソフト事業はアリババグループ技術開発研究所へ統合
8月	アリソフト業務ソフト事業部、アリババドットコムに吸収
	タオバオにてワンストップEコマースサービス提供を目指す「大タオバオ」戦略のもと、コウベイをタオバオに合併
9月	アリババグループ設立10周年、同時にアリババクラウドコンピューティングを設立

アリババ思想

2014年4月10日　初版発行

編者／紅旗出版社
発行者／大石　剛
発行所／静岡新聞社
〒422-8033　静岡市駿河区登呂3-1-1
TEL.054-284-1666
訳者／高木美恵子
装丁／出田　一（Two Three）

印刷・製本／図書印刷
ISBN978-4-7838-2338-4　C0034
●定価はカバーに表示してあります
●乱丁・落丁本はお取り替えします

原書題名『馬雲内部講話』（紅旗出版社発行）
本書は発行元・紅旗出版社より日本語版の
出版権を得て発行しています。